Rieger
Homöopathie für die Liebe

W0181120

Dr. med. Berndt Rieger
ist Facharzt für Innere Medizin und Natur-
arzt. Er betreibt eine homöopathische
Schwerpunktpraxis in Bamberg und leitet
das Zentrum für Traditionelle Europäische
Medizin, eine Ausbildungsstätte für Ärzte
und Heilpraktiker. Er schrieb bereits mehrere Gesundheitsratgeber.

Dr. med. Berndt Rieger

Homöopathie für die Liebe

▮ Für mehr Harmonie in der Partnerschaft
▮ Krisen besser bewältigen
▮ Einander respektvoll begegnen

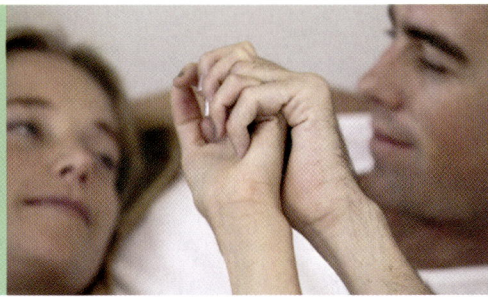

Homöopathie und die Liebe

Welcher Partner sind Sie?

Der Körper als Ausdruck des Inneren

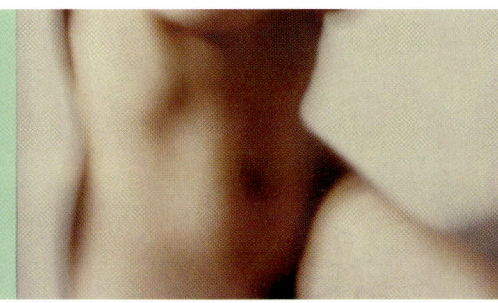

Der Weg ins Glück

Liebe Leser,

der Wunsch nach Liebe und Partnerschaft und der Wunsch, sich eine liebevolle Partnerschaft ein Leben lang zu erhalten – diese Sehnsucht trägt wohl jeder Mensch in sich. Warum aber gelingt es dann so wenigen? Weil jeder von uns bewusste oder unbewusste Ängste in sich trägt, die manchmal den Wunsch nach stabiler Partnerschaft überdecken. Da ist die Angst vor Zurückweisung oder Kränkung, die uns daran hindert, auf den anderen zuzugehen; irgendetwas hält uns zurück, ihm oder ihr offen und frei zu begegnen. Wie aber soll es dem Gegenüber gelingen, die psychischen Wälle und Gräben zu überwinden? Und liegt es nicht zuletzt am Betroffenen selbst, diese inneren Sperren aufzubrechen? Hier kann die Homöopathie helfen.

▌ Im Volksmund heißt es „Gleich und Gleich gesellt sich gern". Genauer gesagt: Ähnliches passt zum Ähnlichen und kann es stärken und stabilisieren.

Dieses Heilprinzip geht zurück auf Hippokrates (460–375 v. Chr.), den Vater der Medizin. Zur Reife gebracht aber haben es Samuel Hahnemann (1755–1843) und seine Nachfolger unter den klassischen Homöopathen.

Der berühmte Homöopath George Vithoulkas (geb. 1932) sprach Anfang der 1970er Jahre erstmals von der „Essenz" eines Menschen, die mit der „Essenz" einer Arznei in Übereinstimmung gebracht werden könne. Diese Essenz ist auch der bestimmende Faktor für die Liebe zwischen den Menschen. Der erfahrene Homöopath kann immer wieder durch das Aufspüren einer passenden Arznei die „Essenz" des Menschen zum Schwingen bringen und ihn für die Liebe befreien, die als Möglichkeit in ihm ruhte. Diese „passenden" Arzneien sind Homöopathika, die einen Zubereitungsprozess durchlaufen haben, der im deutschen Homöopathischen Arzneimittelbuch (HAB) genauestens festgelegt ist, und bei denen Arzneimittelprüfungen ganz bestimmte, vorhersagbare Wirkungen auf den Menschen ergeben haben.

Wie aber finde ich nun die Arznei, die am besten zu mir passt? Vor dieser Frage verzweifeln immer wieder auch gestandene Homöopathen. Menschen sind nicht nur kompliziert aufgebaut, sondern wechselnden Einflüssen und somit zahlreichen Veränderungen unterworfen. Trotzdem gelingt es oft, bei den Beschwerden eines Menschen einen roten Faden zu erkennen, der für die Mittelfindung benutzt werden kann.

Am erfolgreichsten sind Therapeuten immer dann, wenn sie in dem Menschen, den sie behandeln, ein Grundprinzip erkennen, das diesen sowohl im Geistigen als auch im Seelischen und Körperlichen regiert. Dieses Buch möchte Ihnen Hilfen geben, sich selbst wie auch den Partner auf allen drei Ebenen zu begreifen, denn dieses Vorgehen hilft auch bei der Beantwortung der Frage: Wer ist denn nun der richtige Partner für mich?

▌ Wer seine Charaktereigenschaften kennt, weiß auch über seine Bedürfnisse Bescheid und kann besser beurteilen, welcher Partner zu ihm passt.

So ist Homöopathie in der Liebe kein abstruses Zaubermittel, sondern ein Heilmittel. Liebe ist eine Schwingung, die sich zwischen zwei zusammenpassenden Individuen aufbaut und es ihnen ermöglicht, voneinander ergriffen zu werden. Dabei entsteht ein Einklang der Schwingungen, ein belebender Rhythmus. Homöopathische Arzneien erlauben uns, innere Hemmungen abzulegen und uns diesen Schwingungen und diesem Rhythmus zu öffnen.

Ein weiteres „Einsatzgebiet" der Homöopathie sind Befindlichkeitsstörungen und körperliche Beschwerden, die hinderlich für die Liebe sind. Störungen können sich hier ebenfalls auf allen drei Ebenen – Körper, Geist und Seele – manifestieren. Hier kann das richtige Mittel die körperlichen Beschwerden beseitigen und zu Selbstbewusstsein und Stabilität beitragen.

In meiner Praxis habe ich täglich mit dem Thema Beziehung zu tun und habe dabei viele Erfahrungen in der Behandlung von Patienten gesammelt. Fest steht: Die Homöopathie kann Außergewöhnliches zum guten Gelingen von Beziehungen beitragen. In diesem Buch möchte ich Ihnen vermitteln, wie Sie zu (mehr) Selbstständigkeit, Selbst-Erkenntnis und Selbst-Vertrauen gelangen und Ihr Gegenüber so wahrnehmen, dass Ihnen der Griff nach dem richtigen Partner und eine harmonische Beziehung gelingt.

Berndt Rieger

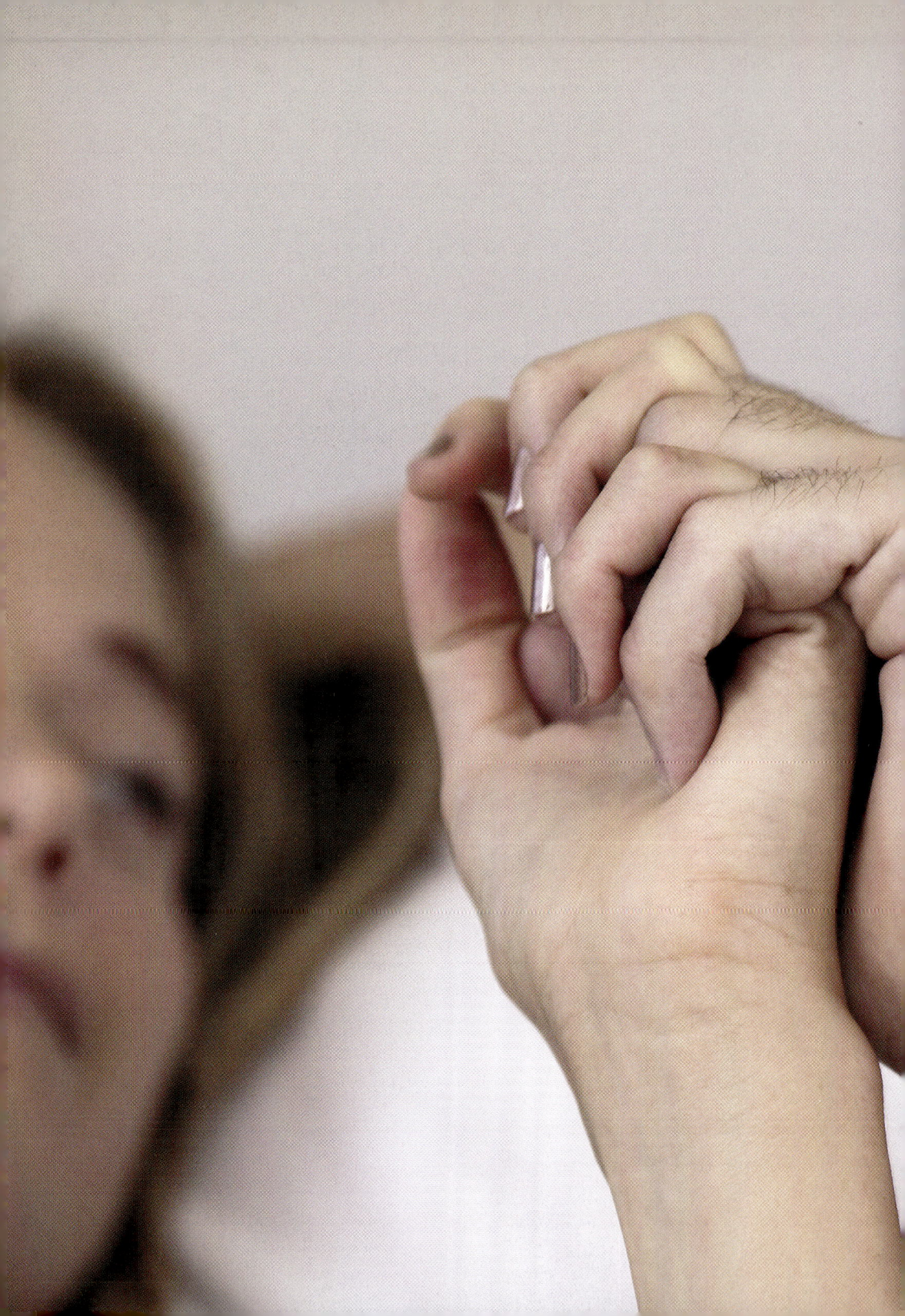

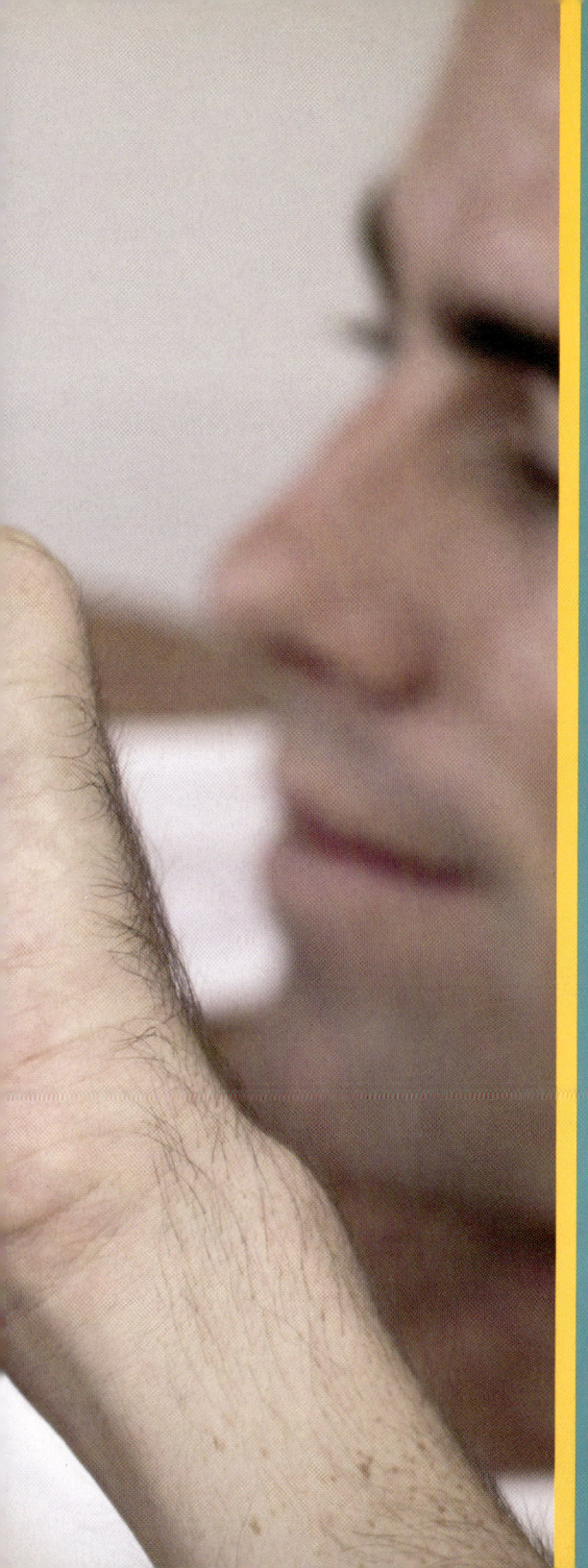

Homöopathie und die Liebe

„Ähnliches heilt Ähnliches" – schon das Grundgesetz der Homöopathie und das bekannte Sprichwort „Gleich und Gleich gesellt sich gern" zeigen, dass Homöopathie und Liebe ähnlichen Gesetzen folgen. Die klassische Homöopathie hat diese Gesetzmäßigkeiten in zahlreichen Arzneimittelprüfungen systematisch erforscht. Gute Nachrichten für die Liebe, denn vieles davon eignet sich dazu, Liebende besser zu verstehen und unglücklich Liebenden zu helfen.

Ähnliches heilt Ähnliches

Über die Liebe ist schon im Begriff Homöopathie etwas gesagt. Wörtlich übersetzt heißt Homöopathie: ähnliches Leiden – von griechisch homoion pathos. Damit gemeint ist, von ähnlichen Dingen zum Schwingen gebracht werden, über Ähnliches zu lachen und zu weinen – kurz: von ähnlichen Dingen angesprochen zu werden. Wenn der Homöopath von Ähnlichkeit spricht, meint er das Ähnlichkeitsprinzip der Homöopathie (siehe Seite 12). Es ist die Übereinstimmung zwischen Symptomen, die ein Arzneimittel am Gesunden hervorruft, und Symptomen, die ein Kranker spontan aus seinem Inneren heraus entwickelt hat. Auch hier scheint das Arzneimittel eine Schwingung zu haben, die der Kranke teilt, und wenn es dabei einen hohen Übereinstimmungsgrad gibt, kann die Arznei den Kranken heilen.

Auch in der Liebe finden Sie dieses Prinzip im Wort Homogamie – die Gleichheitswahl. Dieser Begriff besagt, dass man den Partner/die Partnerin nach möglichst ähnlichen Bedingungen aussucht, in Hinsicht auf Abstammung, Alter, Bildungsniveau, sozialem Status, finanzieller Lage, Hobbys, politischer Neigung und Religion.

Zwar existiert auch in der Liebe die Heterogamie-Hypothese, welche die Meinung vertritt, dass sich entgegengesetzte Charaktereigenschaften anziehen – so wie es in der Medizin das Gegensatzprinzip des Heilens gibt, mit dem die Allopathie oder heutige Schulmedizin arbeitet. Und doch zeigen Untersuchungen, dass Beziehungen, in denen die Partner ähnliche Wertvorstellungen haben, stabiler sind. Ein Beweis für die Überlegenheit des homöopathischen Heilprinzips?

▌ Indem wir unseren Partner verstehen lernen, finden wir auch ein tieferes Verständnis unserer selbst.

Das Wort „Liebe" geht also weit über den Pheromon-Cocktail hinaus, den wir Verliebtheit nennen, und bezeichnet eine Spiegelung im Partner, die dem Liebenden erlaubt, in der Auseinandersetzung mit dem anderen zu wachsen und zu reifen.

Erkenne Dich selbst!

Im Apollonheiligtum von Delphi waren die folgenden Inschriften zu lesen: „Erkenne dich selbst!", „Sei!" und „Halte Maß in allem." Diese Prinzipien waren nach Ansicht der alten Griechen die Grundlage für Gesundheit, ein erfülltes Leben und eine glückliche, lange Liebe. Diese Prinzipien haben bis zum heutigen Tag nichts an Aktualität verloren. Denn in heutigen Worten formuliert heißt das: Wer glücklich leben und lieben will, muss herausfinden, wer er ist, dann muss er zu sich stehen und zuletzt das rechte Maß, also seine „Mitte" finden, in der sich seine Vision verwirklichen lässt.

▮ Die eigene Natur erkennen – das baut Ängste ab und stärkt das Selbstbewusstsein.

Diese Hausaufgaben sollten die Menschen eigentlich machen, *bevor* sie Beziehungen eingehen. Denn wer seine Hausaufgaben in der Liebe macht, legt die Basis für das Gelingen einer glücklichen, stabilen Partnerschaft.

Wie komme ich nun in die eigene Mitte? Das gehört es zu den schwierigsten Aufgaben, die man immer wieder neu zu lösen hat, insbesondere im Bereich der Partnerschaft. Tatsächlich ist es eher selten, dass wir uns hier rundherum wohl und glücklich fühlen. Mal sind wir einsam ohne Partner, dann wieder unzufrieden in einer Partnerschaft. Das Leben zeigt unsere Begabung, unseres Glückes Schmied zu sein. Wie selten heute gut funktionierende, glückliche Beziehungen geworden sind, beweist nicht zuletzt die Scheidungsstatistik.

Andererseits ist es nicht unbedingt ein schlechtes Zeichen, wenn Menschen den Mut haben, das Scheitern einer Beziehung einzugestehen und sich zu trennen, um einen Partner zu finden, mit dem sie glücklich werden können.

Bei Partnerschaftsproblemen sind Eheberater, Psychologen, Ärzte und Heilpraktiker gefragt – und nicht zuletzt Homöopathen. Homöopathie kann in vielen Fällen innerhalb kürzester Zeit seelische Konflikte lindern und das Selbstbewusstsein stärken. Sie kann uns helfen, für den Partner angenehmer zu sein, und kann uns den Partner wieder angenehmer machen. Sie macht uns frei für Alternativen und hilft uns, andere Therapieformen stärker zu nutzen. Der Weg in die Mitte gelingt, wenn wir uns besser erkennen, unserem „Typ" auf die Spur kommen und uns dabei homöopathisch typgerecht behandeln lernen.

GUT ZU WISSEN

Die Dosis macht das Gift

Die Homöopathie hat vor allem das Ziel, Sie in Ihre Mitte zu bringen, frei von Ängsten zu machen, die Ausscheidung von Giften zu fördern und damit Ihren Körper, Ihren Geist und Ihre Seele heilend zu beeinflussen. Hierfür werden in der Homöopathie Substanzen aus dem Reich der Tiere, Pflanzen und Mineralien sowie Giftstoffe verwendet. Von Paracelsus (1493–1541) ist das Wort überliefert, dass es keine Gifte an sich gibt. Nur die Dosierung einer Arznei entscheidet darüber, ob das Mittel schadet oder als Heilmittel geeignet ist.

Samuel Hahnemann (1755–1843), Begründer der Homöopathie.

Hahnemann verwandte schon früh klassische „Gifte" wie Arsen oder „giftige" Nachtschattengewächse in unschädlichen Dosierungen. Nach und nach stellte er fest, dass immer höhere Verdünnungsgrade die Heilwirkung dieser Arzneien noch verstärkte – allerdings nur dann, wenn das Mittel nach dem Ähnlichkeitsprinzip angewandt wurde, also am Gesunden ebensolche Krankheitssymptome erzeugen kann.

Das Verdünnungsprinzip in der Homöopathie

In der Klassischen Homöopathie nach Hahnemann kommen nur einzelne Stoffe zur Anwendung, so genannte Einzelmittel. Die Ursubstanz/Urtinktur kann der Presssaft einer Pflanze, die Schale eines Tierpanzers oder Kristallstaub sein. Es gibt auch Nosoden, das sind Stoffe, die aus Krankheitsprodukten hergestellt werden.

Diese „Grundstoffe" werden in einem Trägermaterial – Milchzucker oder ein Alkohol-Wasser-Gemisch – in einem bestimmten Verhältnis verdünnt. Zunächst wird eine Verreibung mit Milchzucker hergestellt, da viele Stoffe nicht in Wasser löslich sind, beispielsweise Gold. Nach ein paar Verreibungsschritten wird dann mit Alkohol/ Wasser weiter verdünnt. Zu Beginn wird ein Teil Arzneimittelsubstanz mit 99 Teilen Milchzucker verrieben. Bei allen weiteren Verdünnungsschritten wird von der jeweiligen Verreibung ein Teil entnommen und wieder mit 99 Teilen Milchzucker verrieben. Jeder dieser Herstellungsschritte dauert etwa eine Stunde. Es gibt D-Potenzen, bei denen das Mischungsverhältnis 1:10 ist, C-Potenzen, bei denen das Mischungsverhältnis 1:100 ist, oder Q-Potenzen, die gleichzusetzen sind mit den LM-Potenzen, bei denen das Mischungsverhältnis 1:50000 ist. Bei D6 beträgt die Verdünnung $1:10 \times 10 \times 10 \times 10 \times 10 \times 10$, das entspricht einem Millionstel der Ursubstanz. Das homöopathische Arzneibuch (HAB I) ist die gesetzliche Grundlage für die industrielle Herstellung der Potenzen.

Potenz	Verdünnung
D (Dezimal)	1:10, das heißt 1 Teil Ursubstanz zu 9 Teilen Milchzucker oder Wasser/Alkohol
C (Centesimal)	1:100, das heißt 1 Teil Ursubstanz zu 99 Teilen Milchzucker oder Wasser/Alkohol
Q/LM (Quinquagies-millesimal)	1:50000, das heißt 1 Teil Ursubstanz zu 49999 Teilen Milchzucker oder Wasser/Alkohol

Im HAB I wird statt der Q-Potenz die Bezeichnung „LM-Potenz" verwendet.

Bei den Verreibungen kann nichts anderes vom ursprünglichen Arzneimittel auf die Trägersubstanz übergehen als der Geruch des zur Verwendung kommenden Arzneimittels. Wenn man Kamille verreibt, dann riecht auch das Trägermaterial nach Kamille, und wenn man ein Metall verreibt, dann riecht auch das Trägermaterial nach dem entsprechenden Metall. Aus gutem Grund werden deshalb für die Arzneizubereitung Gefäße verwendet, die keinen Eigengeruch haben, beispielsweise Porzellan und Glas. Hahnemann schrieb, dass die Mittel auch luftdicht aufbewahrt werden müssten, da sonst das Mittel unwirksam werde. Er wusste, wovon er sprach: Einzelne von Hahnemann in seinem Labor hergestellte Arzneien sind noch heute erhalten und haben ihre anhaltende Wirksamkeit bewiesen!

Dosierung und Wahl der Potenzstufe

Wenn Sie heute in die Apotheke gehen, erwartet sie ein Wirrwarr von Potenzierungen – Folge der bewegten Geschichte der Homöopathie. Hahnemann entwickelte um 1810 die C-Potenzen und plädierte für die einmalige Gabe des Mittels, die erst wiederholt werden dürfe, wenn eine neuerliche Verschlechterung eingetreten sei. Hahnemann wandte sich aber gegen Ende seines Lebens den Q-Potenzen zu und vertrat dann die Ansicht, dass man diese einmal täglich über längere Zeiträume anzuwenden habe. Sein Vorbild bewirkte, dass in Frankreich – dem Land, in dem er lange Zeit lebte und wirkte – bis zum heutigen Tag vorwiegend C-Potenzen, zum Teil auch Q-Potenzen benutzt werden.

Hahnemanns Schüler, die nach Amerika auswanderten, verordneten C-Potenzen, anfangs als C6 oder C12, bald aber, vor allem durch den Einfluss von Eugene B. Nash (1838–1917), dessen „Leitsymptome" heute noch zu den meistgelesenen homöopathischen Büchern gehören, in immer höheren Verdünnungsreihen. Heute ist die Verwendung maschinell hergestellter C10000 oder C100000 keine Seltenheit mehr.

Die Geschichte der D-Potenzen begann mit dem Hahnemann-Schüler Constantin Hering (1800–1880), der 1833 diese Zubereitungsform vorstellte. Sie wurde zuletzt im deutschen Sprachraum durch das Vorbild des Begründers der Wiener Schule der Homöopathie, Mathias Dorcsi (1923–2001), populär, der ein Gegenmodell zur Lehre Hahnemanns vorstellte und Kuren mit regelmäßig wechselnden niedrig potenzierten Arzneien festlegte, die den Körper „umstimmen" sollten.

Je nachdem, welche homöopathische Richtung Ihr Therapeut vertritt, wird er den „tibetanischen Tempelgong" einer hohen C-Potenz benutzen, also die einmalige Gabe, die den Körper aufrütteln und einen Heilprozess anstoßen soll, der keinesfalls unterbrochen werden darf und sich über viele Monate erstrecken kann; oder er wird Ihnen die Einnahme von beispielsweise 3 × 5 Kügelchen einer D-Potenz empfehlen.

Wie wirken Homöopathika?

Trotz dieser Wahlmöglichkeiten lassen sich doch zwei feste Regeln ausmachen.

▌ Generell wirken höher potenzierte Arzneien länger als niedriger potenzierte. Eine D6 wird den Körper einige Stunden, eine C200 einige Wochen beschäftigen. Bei dynamischen Krankheiten, bei denen das Krankheitsgeschehen rasch fortschreitet, beispielsweise Lungenentzündungen, rheumatische Schübe oder Krebs, kann es vertretbar sein, rasch hintereinander – auch täglich und sogar stündlich – Hochpotenzen folgen zu lassen, um das Geschehen abzustoppen.

▌ Je höher eine Potenz gewählt ist, desto „höher" in der Hierarchie zwischen Geist, Seele und Körper beschäftigt sie den Menschen. Gut gewählte Hochpotenzen werden durch ein Gefühl von Energie, durch Müdigkeit oder durch Gelöstheit im Gefühl spürbar, während körperliche Beschwerden wie Durchfall oder Husten schneller auf Tiefpotenzen ansprechen.

Wie wirken nun die einzelnen Potenzstufen? Hier reagiert jeder Körper anders. Bei manchen Menschen kommt es nach der einmaligen Gabe einiger Kügelchen D6 bereits zu einer Heilung, bei anderen Menschen muss die D6 dreimal täglich über viele Wochen gegeben werden. Ob Sie übrigens Globuli oder Tropfen einnehmen, macht in Bezug auf die Arzneimittelwirkung keinen Unterschied.

Bei homöopathischen Mitteln kommt nicht die chemische Wirkung eines Stoffes zur Wirkung, sondern die kinetische – die Wirkung, die ein Stoff durch seine Eigenbewegung hervorruft. Beispiel: Auf der Jagd wirkt sich ebenfalls die kinetische Wirkung einer Bleikugel aus, nicht die chemische, die im Einatmen von Bleistaub bestehen würde. Mit der Verdünnung nimmt die chemische Wirkung ab und die kinetische Wirkung zu, da im Verhältnis zur Masse immer mehr Raum zur Verfügung steht. Daher nimmt mit der Potenzhöhe die Gefahr einer homöopathischen Erstverschlimmerung zu, weshalb Laien besser mit tieferen Potenzen arbeiten sollten, da diese sanftere Anstöße geben.

Bei Mitteln, bei denen eventuell eine entsprechende Vergiftung im Körper vorliegt, wie Quecksilber, ist es wichtig, keine ganz tiefen Potenzen zu verwenden, um eine weitere Vergiftung auszuschließen! Hier also mindestens eine C12 bzw. D30 verwenden. Dies gilt auch für Aurum (Gold) oder Plumbum (Blei).

Die Konstitution

Wir beginnen dort zu lieben, wo wir Schönheit erfahren. Damit kann sehr Unterschiedliches gemeint sein. Eines aber steht fest: Dort, wo diese Schönheit durch Störfaktoren beeinträchtigt wird, schrumpft auch das Liebesgefühl. Was sind Störfaktoren?

Info

Die zehn häufigsten Störfaktoren für die Liebe

Seelisch:
- Depression und Pessimismus
- Schüchternheit und Distanziertheit
- Unaufmerksamkeit und Taktlosigkeit
- Unbeherrschtheit und Grobheit
- Arroganz und Dominanz

Körperlich:
- Mundgeruch und unangenehmer Körpergeruch
- Schweißneigung und andere unliebsame Körperausscheidungen
- Haut- und Schleimhauterkrankungen, vor allem Darmprobleme
- Gewichtsprobleme
- Funktionsstörungen der Geschlechtsorgane

Körperliche Probleme haben zumindest etwas Gutes: Sie können in den meisten Fällen medizinisch behoben werden. Im seelischen Bereich aber stoßen wir rasch auf das Phänomen des Charakters, von dem wir annehmen, dass er unabänderlich ist. Kann man jemanden, der immer nur schwarzsieht, in einen fröhlichen, offenen Menschen verwandeln? Wie soll man jemandem, der beim geringstem Anlass ängstlich wird und sich verspannt, dazu verhelfen, gelassen und locker zu reagieren?

Hier hat die Homöopathie, deren Wirkung vor allem den geistig-seelischen Bereich erfasst, schon unzähligen Menschen geholfen. Denn sie berücksichtigt, dass den Liebesbremsen eines gemeinsam ist: Sie alle beschreiben die Schattenseite eines Phänomens, das auch eine Sonnenseite hat. Auf der Suche nach einer passenden Arznei ist es deshalb wichtig, zu fragen: Warum ist jemand grob, was steckt *dahinter*? Warum will jemand immer dominieren, und was muss getan werden, damit er sich auch mal führen lässt?

Diese und ähnliche Fragen bringen uns unweigerlich zur Frage der Konstitution des Menschen, seiner „Verfasstheit", seiner charakteristischen Eigenschaften, eben seines „Typs". Diesen gilt es, zu

15

GUT ZU WISSEN

Die Konstitution – eine Sollbruchstelle des Körpers

In der Homöopathie geht es vor allem darum, Ihre Konstitution zu erfassen und vergleichend einem Arzneimittel zuzuordnen. Man führt hierzu in der homöopathischen Praxis ein längeres Gespräch, eine so genannte homöopathische Erstanamnese. Hier sollte alles einfließen, was Sie in Ihrer körperlichen, seelischen und geistigen Verfasstheit ausmacht, denn unter Konstitution verstehen wir Ihr gesamtes Wesen und Ihre individuellen Eigenschaften.

Wenn Menschen unter Druck kommen, meldet sich bei jedem ein anderer Teil des Körpers. Der eine beginnt zu schwitzen, der andere verkrampft seine Muskeln. Einer fängt an zu zittern, der andere bekommt Herzklopfen. Die homöopathische Typenlehre ist das Resultat der Beobachtung, dass Menschen eine Fülle von Beschwerden bekommen, die für sie typisch sind, und die meistens auch mit einer einzigen homöopathischen Arznei befriedigend behandelt werden können. Dieses Mittel nennt man Konstitutionsmittel – und siehe da, selbst wenn man es nur ein einziges Mal in einer höheren Potenzstufe verabreicht, stellt man fest, dass die charakteristischen Schwachpunkte bedeutend weniger stark oder gar nicht mehr reagieren. Der Mensch hat sich „gerundet", ist vollständig geworden. Das, was wir oft auch in der Partnerschaft erwarten, nämlich dass der andere eigene Schwächen und Defizite abfedert und ausgleicht, kann in gewisser Hinsicht auch von einer homöopathischen Arznei bewerkstelligt werden, die in der Arzneimittelprüfung bei Versuchspersonen ähnliche „Sollbruchstellen" hervorgerufen hat.

erkennen und einer Arznei zuzuordnen, von der man durch Arzneimittelprüfungen weiß, dass sie bei dieser Verfasstheit hilft. Die häufigsten Typen werden wir ab Seite 34 genauer kennen lernen.

Arzneien, Mittel, Typen – Arzneimitteltypen

Wir sprechen in diesem Buch mal von Arzneien, dann von Mitteln. In allen Fällen handelt es sich um homöopathische Verreibungen von Materialien, deren Wirkungen auf den Menschen in Arzneimittelprüfungen erforscht und niedergelegt wurden. Bei der Schilderung von Arzneimitteltypen ist es üblich geworden, den Bedarf an einer Arznei und Charakteristika von Menschen, die Arzneimittelwirkungen entsprechen, gleichzusetzen. Um Missverständnissen vorzubeugen, dazu folgende Anmerkungen.

Was ist ein Typ?

Als Arzneimitteltyp bezeichnen wir Menschen, deren Beschwerden und Charakteristika jenen gleichen, die eine Arznei hervorrufen kann.

Wird man als Typ geboren?

Nein. In der Homöopathie geht man davon aus, dass der Mensch sich in verschiedenster Weise entwickeln kann, denn er ist mit allen Anlagen geboren. Der „Typ", den er später verkörpert, ist seine Reaktion auf die Umwelt, die ihn geprägt hat. Wenn man einem Typ gleicht, dann gibt es immer eine krank machende Ursache, die einen dazu gemacht hat. Wenn Sie beispielsweise überaus hektisch sind, hat das eine lange Vorgeschichte, und hektisches Auftreten ist dann nicht einfach eine neutrale Eigenschaft, die Ihre Gene hervorbringen, sondern im Wesentlichen eine Anpassungsreaktion. Diese kann früher oder später als störend empfunden werden, und Sie können von der Gabe eines passenden homöopathischen Mittels profitieren. Nachdem sich diese Störung meist über viele Jahre aufgebaut hat, darf man nicht erwarten, dass ein einzelner Impuls ausreicht, um aus dem Gegenüber einen anderen Menschen zu machen. Doch eine Tendenz zur „Normalisierung" des Charakters, zur neuerlichen „Rundung", sollte sich abzeichnen.

Bleibt man lebenslang ein Typ?

Nein. Gesunde Menschen gleichen keinem Arzneimitteltyp, sondern sind weit vielfältiger und veränderungsfähiger als in Situationen, in denen sie Arzneien brauchen. Die Formbarkeit des menschlichen Charakters hört nie ganz auf, ebenso wenig wie seine Fähigkeit, krankhafte Veränderungen aufzugeben und sich selbst zu heilen. So kommt es, dass Menschen durch veränderte Lebensumstände mehr oder minder häufig von einem Typ zum anderen wechseln. Homöopathen schätzen, dass ein Mensch im Leben durchschnittlich vier oder fünf verschiedene „Konstitutionsmittel" braucht und dass ein Mittelwechsel in der Regel dann stattfindet, wenn auch im Leben ein Bruch erfolgt ist – Traumatisches wie eine Scheidung, der Verlust der Arbeit, der Tod eines Kindes, aber auch schöne Veränderungen, wie der Wechsel in einen befriedigenden Ruhestand oder eine neue, erfüllende Liebe. Allerdings gilt auch: Je älter und unveränderlicher Sie werden, umso stärker kann sich ein Hauptmittel bei Ihnen festigen.

Was hat der Körper mit dem „Arzneimitteltyp" zu tun?

Hier hat schon Hippokrates vor über 2000 Jahren die Antwort gegeben: Äußere Umstände können den Körper zwingen, eine bestimmte Reaktion zu zeigen, die dann bei den meisten Menschen ziemlich gleich abläuft. Wenn Sie sich die Zehe prellen, werden Sie das Verletzungsmittel Arnica C30 brauchen, wie 1000 andere Menschen auch. Davon abgrenzen soll man laut Hippokrates innere Krankheiten, die anscheinend von sich aus entstehen. Hier empfahl er, Arzneien nach dem Ähnlichkeitsprinzip zu wählen – und das ist auch heute noch der Angriffspunkt der homöopathischen „Konstitutionsmittel". Denn ob Sie auf einen ärgerlichen Zwischenfall mit Blutdruckanstieg, Herzklopfen, Magendruck, Harndrang oder zitternden Beinen reagieren, hat nur noch sehr wenig mit dem Auslöser der Erregung zu tun, sondern viel mehr mit Ihrer innerlichen Verfasstheit, eben der Konstitution. Das richtige Mittel wird Ihnen daher nicht nur in Ihrer momentanen Verfassung, sondern auch in vielen anderen Situationen hilfreich sein.

Sowohl die geistig-seelische als auch die körperliche Ebene werden von passenden Homöopathika angesprochen und können im Erkrankungsfall geheilt werden. Jedes Mittel kennt einen roten Faden, der sich durch alle Ebenen des menschlichen Erlebens zieht, und es liegt am einzelnen Homöopathen zu entscheiden, wo er diesen roten Faden aufnimmt, um seinem Patienten zu helfen.

Charakteristika von Konstitutionstypen

Menschen, die **Mineralien** zugeordnet werden können: klare Ziele, geordnetes Handeln, Pünktlichkeit, nüchternes, bodenständiges Denken, strukturierte Gefühle, Beharrlichkeit.

Menschen, die **Pflanzen** zugeordnet werden können: gefühlsbetont, starke jahreszeitliche Schwankungen im Handeln und in den Zielen, Sinn für Schönheit und Geschmack, sehr verletzlich.

Menschen, die **Tieren** zugeordnet werden können: Hier geht es um den Überlebenskampf, um Kämpfen, Tarnen, Täuschen, Fressen und Gefressenwerden. Deshalb sind Misstrauen, Ängste und Aggressivität wichtige Erscheinungsformen.

Menschen, die **Krankheitsprodukten** zugeordnet werden können: grundsätzliche Zweifel in Bezug auf das Leben, die Lebensberechtigung und den Lebenssinn.

Nach der homöopathischen Erst-anamnese werden alle ermittelten Symptome mit denen verglichen, die seit mehr als 200 Jahren von Homöo-pathen in Arzneimittelprüfungen ge-sammelt und in so genannten Reperto-rien beschrieben werden. In diesen Nachschlagewerken ist festgehalten, welche Symptome ein Arzneimittel in fast giftiger Form an gesunden Men-schen hervorgerufen hat. Wenn Ihre Beschwerden diesen Symptomen ähneln, kann man davon ausgehen, dass diese nach Gabe desselben Arzneistoffes in hoch verdünnter Form verschwinden werden. Dies gilt auch für geistig-seeli-sche Beschwerden wie Unlust, Gereizt-heit, Nervosität oder Enthemmung.

■ Gesunde Menschen ähneln sich mehr, als man vielleicht angenommen hätte: Sie sind stark, selbstbewusst und dem Leben zugewandt – kurz: überaus für Liebe und Partnerschaft geeignet.

Man darf sich die Wirkung der Homöo pathie nun nicht so vorstellen, als wür-den damit *andere* Menschen geschaffen. Sie haben vielleicht schon vom dünn-häutigen Pulsatilla-Typ gehört, der weich und empfindsam ist und schnell zu weinen anfängt, wenn er sich ge-kränkt fühlt. Eine erfolgreiche homöo-pathische Behandlung wird bei diesem Typ das Selbstbewusstsein fördern und ihn innerlich stärken, sodass er sich

nicht bei jeder Kleinigkeit gleich schwer gekränkt fühlen wird. Trotzdem wird ein Pulsatilla-Typ nie zum Dickhäuter werden. Beim Belladonna-Typ, der für seine Kraft und Vitalität bekannt ist, kann Homöopathie die Schattenseiten – Brutalität und Grobheit – mildern, ohne seine Tatkraft zu schmälern.

Um für Liebe und Beziehung bereit zu werden, ist es wichtig, sowohl für sich selbst als auch für mögliche Partner den roten Faden, die Grundverfasstheit zu erkennen, denn dann können Sie sich bewusst je nach Ihren Bedürfnissen für oder gegen einen anderen Menschen entscheiden. Wichtigste Bedingung einer erfolgreichen Partnerschaft ist nämlich, dass Sie die Sonnenseite des anderen attraktiv finden, denn mehr, als Schattenseiten zu mildern, vermag auch eine gut durchgeführte homöopathische Behandlung nicht.

Wenn wir bei der Partnersuche punkt-genau immer nach jemandem greifen, der uns schadet, dann ist das der Ver-such, eigene Konflikte zu bearbeiten. Die Begegnung mit anderen Menschen kann aber auch wie ein passendes homöopathisches Arzneimittel wirken, das die in uns schlummernden Kräfte weckt und befreit und uns Mut macht auf ein neues, wahrhaftigeres Leben, in dem wir stärker und entschiedener für uns selbst eintreten. Dann sind wir bei uns selbst angekommen – und gesund.

Welcher Partner sind Sie?

Um den richtigen Partner zu finden, muss man sich zunächst selbst kennenlernen. Dann erst weiß man, wer zu einem passt, denn wie in der Homöopathie gilt auch in der Liebe: Gleich und Gleich gesellt sich gerne. Ob zu Ihnen ein dominanter Typ passt oder eher ein zurückhaltender besser wäre, erfahren Sie im großen Beziehungstest.

Wer passt zu wem?

Die alten Griechen nannten es Nous – die Fähigkeit, Dinge zu erkennen, wie sie „wirklich" sind, sich abstrakte Gedanken machen und daraus Gesetze ableiten zu können, nach denen man selbst oder auch andere leben sollten. Nous ist der Geist, der die Welt gestaltet. Nous ist durch den Begriff „Bewusstsein" noch nicht ganz abgedeckt, denn zur gedanklichen Kraft muss noch der „Biss", die Durchsetzungsfähigkeit hinzukommen. Zum Nous gehört also auch ein feuriger, ja zerstörerischer Anteil, der auf Gefühle keine Rücksicht nimmt.

▌ Je nachdem, wie stark unser Nous ausgeprägt ist, beeinflusst es unseren Grad der Beliebtheit oder Unbeliebtheit bei anderen Menschen.

Einem genialen, schöpferischen und Bahn brechenden Menschen lässt man vermutlich einiges durchgehen, dagegen büßt der bloße „Ellbogenmensch" oder „kalte Egoist" viel Kredit ein. Ebenso kann der rücksichtsvolle, zurückhaltende Mensch, der sein Nous unter den Scheffel stellt, darauf hoffen, bei anderen als beliebt zu gelten. Tatsache ist aber auch, dass bei „liebem" Verhalten das Risiko besteht,

zum „lieben Trottel" abgestempelt zu werden.

Auf unserer Reise in die Homöopathie wollen wir also zuerst die Oberfläche eines Menschen prüfen, seine Umgangsformen und das Maß seines Strebens zu selbst gesteckten Zielen. Dieser Aspekt spielt bei der Partnerwahl eine große Rolle. Man überlegt sich, wie einer auftritt und wie weit er in Zukunft damit kommen wird, und beschließt dann beim einen oder anderen, es auf den Versuch ankommen zu lassen, einen Teil des Wegs gemeinsam zu gehen. Eine psychologische Tatsache dabei ist aber, dass sich große Unterschiede im Nous auf Dauer nicht kompensieren lassen.

Eine funktionierende Beziehung ist auf Dauer nur bei Menschen möglich, die einander Paroli bieten können. Sonst besteht die Gefahr, dass der eine vom anderen an die Wand gedrückt und ausgebootet wird. Um zu erkennen, in welche Kategorie Sie dabei fallen, haben wir einen Beziehungstest (siehe Seite 26) vorbereitet. Danach werden Sie leichter erkennen können, welche Partner langfristig für Sie in Frage kommen.

Der große Beziehungstest

Sie wollen mehr über sich selbst erfahren? Wir können Ihnen zwar nicht versprechen, dass Sie nach Beantwortung dieses Fragebogens gleich das am besten auf Sie passende homöopathische Mittel finden werden. Aber zumindest werden Sie ein breites Bild der Menschheit kennen lernen und dabei erste Möglichkeiten finden, sich Bereichen zuzuordnen. Wenn Sie unter den beschriebenen Mitteln eines finden, das besonders gut auf Sie passt, sollten Sie es probieren. Sind Sie noch unsicher, werden Sie bestimmt bei den großen Arzneien der Homöopathie, den „12 Archetypen der Liebe", fündig (Seite 118). Hier erfahren Sie auch, welche Eigenschaften ein Partner haben sollte, um mit Ihnen gut zu harmonieren.

Um Ihnen die Suche nach dem richtigen Mittel zu erleichtern, wollen wir also zuerst Ihre Oberfläche, Ihr Bewusstsein und die Ausdrucksformen Ihres Charakters heranziehen, um zu bestimmen, wie stark Ihr Nous ausgeprägt ist.

Verhaltensskala: Von „aggressiv" bis „defensiv"

Auch bei Liebesbeziehungen gibt es das aktive und das passive Prinzip, den Angreifer und den Verteidiger, das Gebende und das Nehmende, das Starke und das Schwache. Nur die Interpretationen sind unterschiedlich. Sie mögen von sich selbst glauben, dass Sie ein „gestandenes Mannsbild", ein „Leistungsmensch" sind – andere würden Sie irgendwo zwischen „Macho" oder „Ellbogenmensch" einordnen. Selbstbewusste „Powerfrauen" mit eigenem Kopf fühlen sich nicht richtig gesehen, wenn man ihnen „zickiges" Verhalten vorwirft, was meist mit „nervig" gleichgesetzt wird. Ähnlich ungerecht geht es zu, wenn Sie als Mann eher „sanft" sind und sich dann Ausdrücke wie „Weichei" oder „Softie" gefallen lassen müssen. Oder Sie treten gerne gepflegt und rücksichtsvoll auf – und müssen erkennen, dass manche Menschen Sie als „Püppchen" abqualifizieren.

Interpretationen haben mit der Einschätzung von traditionellen Geschlechterrollen zu tun. Vor allem zeigt sich an dieser Verhaltensskala aber der Grad

23

der Fähigkeit, sich für die eigenen Interessen einzusetzen. Der Macho stellt seine Männlichkeit über alles andere, die Zicke, eine kleine Ziege, zeichnet sich dadurch aus, dass sie störrisch ist und Feinde schon mal mit einem Stoß ihrer Hörner in die Flucht schlägt. Ist das eine aber tatsächlich „männlich", das andere „weiblich"? Oder handelt es sich dabei nicht vielmehr um *geschlechtsunspezifische* Charaktereigenschaften, die positiv oder negativ interpretiert werden können?

Auch der Begriff des „Weicheis" kann nur von einem Menschen geschaffen worden sein, dem das Widerstandslose eines nur kurz gekochten Eis zuwider ist. So jemand sieht sich eben lieber hartgesotten, oder „hardboiled", wie man in amerikanischen Krimis gern den einsamen, unbeirrbaren Privatdetektiv bezeichnet.

Wenn ein „Püppchen" als aufgeputztes, dümmliches Produkt dargestellt wird, hat das sicher auch mit der Erbostheit von Frauen zu tun, die sich lieber über Leistung und Tatkraft Eindruck verschaffen würden, aber erkennen, dass manche Männer die etwas weniger anstrengende Gesellschaft des (scheinbar) dummen Blondchens der ihren vorziehen.

Bei unserer Verhaltensskala werden zwei Prinzipien erkennbar. Das eine Prinzip könnte man mit den Begriffen Anpassung, Rücksicht, Unterordnung umschreiben, das andere mit Wille, Unabhängigkeit und Freiheit im umfassenden Sinn. Die Lagerbildung von „aggressiven" und „defensiven" Verhaltenstypen birgt die Erkenntnis, dass sich hier offensichtlich zwei große Gruppen gegenüberstehen, bei denen man annehmen muss, dass es für beide Seiten besser wäre, wenn sie keine gegenseitigen Partnerschaften eingingen, sondern sich einen Partner suchten, der ihnen ähnlich ist.

> ▌ Liebe und Partnerschaft können nur gedeihen, wenn sich Ähnliches mit Ähnlichem vereint. „Machos" und „Zicken" gehören zusammen, ebenso wie „Weicheier" und „Seelchen".

Wenn man dann noch jemanden findet, der eigene Defizite ergänzt und Begabungen stärkt – umso besser. Katastrophal dagegen verlaufen Beziehungen, in denen ein Macho ein Seelchen quält oder eine Zicke ein Weichei ruiniert. Dergleichen Paarungen führen zu Seelenschmerz und Krankheit.

Der große Beziehungstest auf den folgenden Seiten kann der erste und wichtigste Schritt in eine funktionierende Partnerschaft sein, denn nur der, der sich selbst kennt, kann entscheiden, welcher Partner für ihn der passende ist.

Ist ein Macho „männlich"?

Was versteht man eigentlich unter einem „Macho" oder einer „Zicke"? Im Spanischen bezeichnet das Wort „Macho" das männliche Prinzip. „Machismo" kombiniert die Ehre, die jederzeit verteidigt werden muss, mit sexuellen Herausforderungen, denen sich der Macho gerne stellt. Bei uns kennt man den Macho auch als „Chauvi". Nicolas Chauvin war ein Rekrut in der Armee von Napoleon Bonaparte, der 17-mal verwundet wurde und sich in ein Idealbild des kämpferischen Soldaten, für den das Vaterland mehr bedeutet als das eigene Leben, verrannt hatte. Der Feminismus des 20. Jahrhunderts schuf den Begriff des „male chauvinist", worunter man einen Mann versteht, der Frauen verachtet und/oder sie benutzt, beispielsweise wie ein „Pascha", der sich mit einer großen Schar fürsorglicher Frauen umgibt, die ihm jeden Wunsch von den Lippen ablesen.

Ist ein Mann, der „sein Ding durchzieht", nun „männlich" – oder selbstsüchtig? In welche Kategorie fallen Männer mit Nickelbrille und Gesundheitslatschen? Oder ein „Metrosexueller", der sich am ganzen Körper rasiert, die Augenlider mit Kajal nachzieht und Lippenstift auflegt?

Und was ist mit jenen eigensinnigen Frauen, die ebenfalls „ihr Ding durchziehen"? Der Begriff der „Zicke", ursprünglich vom störrischen Verhalten mancher Ziegen abgeleitet, hat mittlerweile einen erstaunlichen Bedeutungswandel durchgemacht. Junge Frauen sind heute vielfach sogar stolz darauf, „zickig" zu sein, denn sie verstehen darunter weibliches Selbstbewusstsein und Selbstbestimmtheit. Offenbar sind Geschlechterspezifikationen also Produkte der jeweiligen gesellschaftlichen Gegebenheiten.

Die Bandbreite dessen, was als „weiblich" gilt, scheint dabei etwas größer zu sein als bei der „Männlichkeit". Der Schriftstellerin Hera Lind verdanken wir den Begriff des „Superweibs", eine Frau, die berufliche Karriere, Kindererziehung und gutes Aussehen locker unter einen Hut zu bringen weiß. In Amerika gibt es das Bild der „big Momma", eine energiegeladene, eher stämmige Frau, die ihre meist große Nachkommenschaft mit Herz und Couragiertheit zusammenhält. Es gibt Frauen, die fürsorglich und liebevoll die Mutterrolle annehmen, und andere, die in ihrem Leben Arbeit und Karriere in den Vordergrund stellen. Egal, ob „männlich" oder „weiblich" – schön ist es, wenn man die Fähigkeit und das Selbstbewusstsein hat, sich an die gegebenen Verhältnisse anzupassen und daraus für sich etwas Ansehnliches zu machen.

▼ Ein typischer Macho – oder?

Wer bin ich und wer passt zu mir?

Das Kennenlernen der eigenen Persönlichkeit ist der erste und wichtigste Schritt in Richtung Partnerschaft, denn nur der, der sich selbst kennt, kann entscheiden, welcher Partner für ihn der beste ist. Beantworten Sie die folgenden Fragen ganz spontan „aus dem Bauch heraus" und ordnen Sie dabei Ihre Antworten in der folgenden Skala ein:

Stimmt genau!	Kommt drauf an	Stimmt nicht!
● ●	●	● ●

Auch wenn Sie im Verlauf des Testes merken, „wohin der Hase läuft", sollten Sie trotzdem ehrlich antworten – mit Schummeln belügen Sie sich nur selbst!

Was trifft auf Sie zu?

Es fällt Ihnen schwer, bei Meinungsverschiedenheiten sachlich zu bleiben und zu versuchen, Ihr Gegenüber mit Argumenten zu überzeugen.

Stimmt genau!		Kommt drauf an		Stimmt nicht!
5	4	3	2	1

Beim Fernsehen befindet sich die Fernbedienung fast immer in der Hand Ihres Partners.

Stimmt genau!		Kommt drauf an		Stimmt nicht!
1	2	3	4	5

Ihr Humor kann leicht zynisch und verletzend werden.

Stimmt genau!		Kommt drauf an		Stimmt nicht!
5	4	3	2	1

Das Wichtigste an einer Partnerschaft ist, gut reden zu können und verstanden zu werden.

Stimmt genau!		Kommt drauf an		Stimmt nicht!
1	2	3	4	5

Sie müssen Ihrem Partner schon mal einen Tritt in den Hintern geben, sonst kommt der nie in die Gänge.

Stimmt genau!		Kommt drauf an		Stimmt nicht!
5	4	3	2	1

Sie lieben kleine Liebesbotschaften, SMS oder kleine Zettelchen, die Sie dem Partner unter das Kopfkissen stecken.

Stimmt genau!		Kommt drauf an		Stimmt nicht!
1	2	3	4	5

Sie reden viel und gern, und am liebsten vor Publikum.

Stimmt genau!		Kommt drauf an		Stimmt nicht!
5	4	3	2	1

Sie lieben es, verführt zu werden.

Stimmt genau!		Kommt drauf an		Stimmt nicht!
1	2	3	4	5

Wird Ihnen oft der Vorwurf gemacht, nicht richtig zuzuhören?

Stimmt genau!		Kommt drauf an		Stimmt nicht!
5	4	3	2	1

Partnerschaft heißt gegenseitiges Umsorgen und Sichkümmern.

Stimmt genau!		Kommt drauf an		Stimmt nicht!
1	2	3	4	5

Es ist eklig, wenn einem jemand schon beim ersten Date die Zunge in den Mund steckt.

Stimmt genau!		Kommt drauf an		Stimmt nicht!
1	2	3	4	5

Werden Sie schnell ungeduldig, wenn Sie anderen Fertigkeiten vermitteln sollen?

Stimmt genau!		Kommt drauf an		Stimmt nicht!
5	4	3	2	1

Ohne die Gelegenheit zum scharfem Sex macht das Leben keinen Spaß.

Stimmt genau!		Kommt drauf an		Stimmt nicht!
5	4	3	2	1

Sie sind ein guter Zuhörer. Wenn Ihre Freunde in Schwierigkeiten sind, kommen sie zu Ihnen, weil Sie sie verstehen.

Stimmt genau!		Kommt drauf an		Stimmt nicht!
1	2	3	4	5

Das Glück des Partners ist wichtiger als Ihr eigenes.

Stimmt genau!		Kommt drauf an		Stimmt nicht!
1	2	3	4	5

Es ist schlimm, wenn einem der Partner böse ist.

Stimmt genau!		Kommt drauf an		Stimmt nicht!
1	2	3	4	5

Sie lieben Geburtstage, Festtage und andere Gelegenheiten, bei denen Sie Ihre Familie, Freunde und den Partner so richtig umsorgen können.

Stimmt genau!		Kommt drauf an		Stimmt nicht!
1	2	3	4	5

Wenn sich der andere nicht meldet, grübeln Sie, wagen aber nicht nachzufragen, was los ist.

Stimmt genau!		Kommt drauf an		Stimmt nicht!
1	2	3	4	5

BEZIEHUNGSTEST

BEZIEHUNGSTEST

Sie sind ein verträumter Typ und nicht geschaffen für die praktischen Dinge des Lebens.

Stimmt genau!		Kommt drauf an		Stimmt nicht!
1	2	3	4	5

Kümmern Sie sich in der Partnerschaft um Finanzielles, treffen Sie hier die Entscheidungen?

Stimmt genau!		Kommt drauf an		Stimmt nicht!
5	4	3	2	1

Haben Sie ein Problem damit, Ihren Teil bei den Arbeiten im Haushalt zu leisten?

Stimmt genau!		Kommt drauf an		Stimmt nicht!
5	4	3	2	1

Bei Meinungsverschiedenheiten werden Sie schnell unsachlich und schießen auch schon mal verbale Giftpfeile ab.

Stimmt genau!		Kommt drauf an		Stimmt nicht!
5	4	3	2	1

Die gemeinsamen Urlaube führten fast immer dorthin, wo der Partner hinwollte, und nicht an Ihre Wunschorte.

Stimmt genau!		Kommt drauf an		Stimmt nicht!
1	2	3	4	5

Bei einem Streit fehlen Ihnen oft die richtigen Worte, also sagen Sie lieber gar nichts mehr.

Stimmt genau!		Kommt drauf an		Stimmt nicht!
1	2	3	4	5

Bei Diskussionen haben Sie häufig das Gefühl, über Sachthemen besser Bescheid zu wissen als jeder andere.

Stimmt genau!		Kommt drauf an		Stimmt nicht!
5	4	3	2	1

Wenn Sie wütend sind, werden Sie auch schon mal handgreiflich.

Stimmt genau!		Kommt drauf an		Stimmt nicht!
5	4	3	2	1

Werfen Ihnen andere vor, Sie müssten immer das letzte Wort haben?

Stimmt genau!		Kommt drauf an		Stimmt nicht!
5	4	3	2	1

Sie hatten in Beruf und Freizeit immer wieder Schwierigkeiten, sich Autoritäts-personen unterzuordnen.

Stimmt genau!		Kommt drauf an		Stimmt nicht!
5	4	3	2	1

Verzichten Sie öfters darauf, etwas zu tun, weil Sie Angst haben, verletzt zu werden?

Stimmt genau!		Kommt drauf an		Stimmt nicht!
1	2	3	4	5

In einer Beziehung kann nur einer recht haben, und das sind Sie.

Stimmt genau!		Kommt drauf an		Stimmt nicht!
5	4	3	2	1

Wenn Sie Hilfe brauchen, fällt es Ihnen schwer, andere darum zu bitten.

Stimmt genau!		Kommt drauf an		Stimmt nicht!
5	4	3	2	1

Sie diskutieren gern mit anderen Menschen, um ihre Gedanken kennen zu lernen.

Stimmt genau!		Kommt drauf an		Stimmt nicht!
1	2	3	4	5

Sie könnten gut und gerne ohne Sex leben.

Stimmt genau!		Kommt drauf an		Stimmt nicht
1	2	3	4	5

Es ist Ihnen recht, wenn Ihr Partner selbstständige Entscheidungen trifft, ohne Sie zu fragen.

Stimmt genau!		Kommt drauf an		Stimmt nicht!
1	2	3	4	5

Sie diskutieren mit anderen Menschen vor allem, um sie zu überzeugen.

Stimmt genau!		Kommt drauf an		Stimmt nicht!
5	4	3	2	1

Öffentliche Auftritte machen Sie unsicher und nervös.

Stimmt genau!		Kommt drauf an		Stimmt nicht!
1	2	3	4	5

Wenn Sie ein Publikum haben, dann fühlen Sie sich so recht in Ihrem Element, werden witzig und unterhalten den ganzen Saal.

Stimmt genau!		Kommt drauf an		Stimmt nicht!
5	4	3	2	1

Ihre Freunde schätzen an Ihnen Ihr Mitgefühl.

Stimmt genau!		Kommt drauf an		Stimmt nicht!
1	2	3	4	5

Sie überlassen Entscheidungen gern dem Partner, er ist der Stärkere, und man kann sich hundertprozentig auf ihn verlassen.

Stimmt genau!		Kommt drauf an		Stimmt nicht!
1	2	3	4	5

Sie verführen lieber, als sich verführen zu lassen.

Stimmt genau!		Kommt drauf an		Stimmt nicht!
5	4	3	2	1

Wenn Ihnen Ihr Partner mit Problemen kommt, sind Sie schnell genervt.

Stimmt genau!		Kommt drauf an		Stimmt nicht!
5	4	3	2	1

Bei Auseinandersetzungen knicken Sie oft ein und vernachlässigen dabei Ihre eigenen Interessen.

Stimmt genau!		Kommt drauf an		Stimmt nicht!
1	2	3	4	5

One-Night-Stands sind völlig o.k.

Stimmt genau!		Kommt drauf an		Stimmt nicht!
5	4	3	2	1

Sie lassen sich mitunter vom Partner emotional erpressen.

Stimmt genau!		Kommt drauf an		Stimmt nicht!
1	2	3	4	5

Dem anderen Geschlecht ist prinzipiell nicht zu trauen, man ist besser unter seinesgleichen.

Stimmt genau!		Kommt drauf an		Stimmt nicht!
5	4	3	2	1

Wenn Ihnen jemand ins Wort fällt, reden Sie noch lauter und eindringlicher, bis man Sie ausreden lässt.

Stimmt genau!		Kommt drauf an		Stimmt nicht!
5	4	3	2	1

Es ist Ihnen peinlich, über sexuelle Wünsche zu sprechen. Es wäre Ihnen lieber, Ihr Partner würde von selbst darauf kommen.

Stimmt genau!		Kommt drauf an		Stimmt nicht!
1	2	3	4	5

Wenn mal dicke Luft ist, sind Sie es, der auf den Partner zugeht, um sich wieder zu versöhnen.

Stimmt genau!		Kommt drauf an		Stimmt nicht!
1	2	3	4	5

Sexualität hat etwas mit Eroberung und Unterwerfung zu tun, und Sie sind der Eroberer.

Stimmt genau!		Kommt drauf an		Stimmt nicht!
5	4	3	2	1

Es fällt Ihnen schwer, Kritik anzubringen, selbst wenn sie gerechtfertigt ist.

Stimmt genau!		Kommt drauf an		Stimmt nicht!
1	2	3	4	5

Zählen Sie nun Ihre Punkte zusammen und lesen Sie nach, in welcher Kategorie Sie gelandet sind.

Auswertung

250–195: Sie denken vor allem an sich selbst und an Ihre Ziele und sind auch bereit und fähig, dafür zu kämpfen. Was sich Ihnen in den Weg stellt, räumen Sie wenn möglich zur Seite. Wenn Sie sich auf einen Zweikampf einlassen, dann nur, um ihn auch zu gewinnen. Solange man Ihnen Ihren Willen lässt, sind Sie umgänglich. Wenn Sie eine Auseinandersetzung zu verlieren drohen, werden Sie unangenehm. Sie brauchen einen Partner, mit dem Sie gut streiten und sich auch wieder gut versöhnen können und der genauso konsequent und kompromisslos für seine Ziele eintreten kann wie Sie selbst.

160–194: Sie haben gelernt, dass man Interessen nur durchsetzen kann, wenn man bereit ist, Kompromisse zu schließen. Sie sind also bereit, Schlachten zu verlieren, um Kriege zu gewinnen, und Sie haben gelernt, dass man die besten Geschäfte dort macht, wo jeder davon profitiert. Zu Ihnen passt ein Partner, der ein Ziel vor Augen hat und bereit ist, am Erreichen dieses Ziels zu arbeiten. Gemeinsame Ziele wären vorteilhaft. Sie brauchen wenig Zuspruch in Form von Trost oder Lob. Angenehme Umgangsformen sind ihnen jedoch wichtig.

141–159: Vermutlich haben Sie längst durchschaut, wie man einen Fragebogen so beantwortet, dass man im neutralen Bereich landet. Oder Sie haben bereits die Ruhe und seelische Schwingungsfähigkeit, um die sich Homöopathen bei Ihren Klienten bemühen. Es ist schwierig zu sagen, wie Sie sich in einer Partnerschaft verhalten werden, aber es scheint fast so, als wären Sie für vieles offen.

106–140: Man kann Sie sicher nicht als Egoisten bezeichnen, denn Ihrer Einschätzung nach ist das für Beziehungen zerstörerisch. Sie sind bereit zu lieben, das heißt, sich dem anderen zu schenken und sich dabei dennoch nicht aufzugeben. Auf diese Weise bewahren Sie sich Ihren Platz in der Beziehung. Sie brauchen einen Partner, der auch einmal lieb und nachgiebig sein kann, der Sie lobt und sich entschuldigt, wenn es Zoff gegeben hat.

50–105: Fühlten Sie sich in Ihren bisherigen Beziehungen eher unglücklich? Das liegt auch ein bisschen an Ihnen, den Sie neigen dazu, sich zu sehr anzupassen, ja fast aufzugeben. Üben Sie doch mal, mehr „Stand" zu bekommen, in einer Beziehung gestaltend zu wirken, auch mal die Führung zu übernehmen oder den Partner von etwas zu überzeugen. Vielleicht gelingt es Ihnen dadurch, mehr Freude und Genuss aus der Sache zu ziehen, denn Sie verdienen es, dass Ihre Wünsche und Vorstellungen Wirklichkeit werden.

Die wichtigsten Homöopathika für jeden Typ

Wenn Sie den Fragebogen durchgearbeitet haben, wissen Sie nun, in welchen Bereich Sie fallen. Selbstbewusste, anspruchsvolle Menschen werden mehr Punkte gesammelt haben als schüchterne, nachgiebigere Personen.

In diesem Kapitel möchte ich Ihnen zeigen, welches mögliche Konstitutionsmittel für Sie in Frage kommt – und welche möglichen Partner von ähnlicher Verfasstheit sich in der Ihnen entsprechenden Kategorie finden.

Wie nutze ich das Testergebnis?

Hohe Punktezahlen werden Menschen erreicht haben, die ihre Interessen eher aggressiv durchsetzen, egozentrisch handeln und von Partnern nicht selten zu hören bekommen, sie seien beziehungsunfähig. Je weiter wir dann zu den niedrigen Punktezahlen fortschreiten, desto „beziehungsfähiger" wird der beschriebene Typ, desto eher ist er bereit, eigene Interessen zurückzustellen, was aber leider auch sehr häufig zu falschen Kompromissen bis hin zur Selbstaufgabe führt.

Am besten ist hier wie so oft die goldene Mitte. Dieser Typ vermag auf dem Weg zu Selbsterfüllung und Glück zwischen eigennützigem und selbstlosem Handeln zu wechseln und dabei auch den Partner „mitzunehmen".

Angenommen, Sie haben beim Test stolze 240 Punkte gesammelt und finden sich bei der Chamomilla am besten beschrieben. Ihnen hilft Einnahme von Chamomilla C200/D12, sie werden geduldiger und milder werden und von Ihrem Partner nicht mehr ständig vehement Liebe einfordern (und ihn damit nerven …). Falls Sie ungewollt solo sind, kann Ihnen die Beschreibung Hinweise auf mögliche Gründe liefern. Partner, die im Test deutlich weniger Punkte gehabt hätten, also zu „milde" für Sie sind, Ihre Energie nicht vertragen und den Schwung, den Sie in eine Sache bringen können, nicht zu schätzen wissen, kommen für Sie ziemlich sicher nicht in Frage …

Und wenn Sie nun ganz wenige Punkte gesammelt haben und sich mit Pulsatilla identifizieren? Die Enttäuschungen, die Sie bisher in Partnerschaften erlebt haben, beruhen vermutlich darauf, dass man Sie einmal ausgenutzt, dann wieder unterdrückt und ein anderes Mal kalt lächelnd abserviert hat. Sie merken schon – mit Partnern, die mit „Ellenbogen" an Beziehungen herangehen, sind Sie nicht gut bedient. Zwar wird Ihnen die Einnahme von Pulsatilla C200/D12 in der Beziehung mit einem „harten" Partner helfen, sich eine Schutzschicht zuzulegen, Sie werden weniger nachgiebig sein, auch mal auf Ihrem Recht bestehen können und nicht immer gleich in Tränen ausbrechen, wenn Sie sich gemein behandelt fühlen. Ziemlich sicher würden Sie sich jedoch bei einem Partner mit ähnlicher Punktezahl besser aufgehoben fühlen.

Gesetzt den Fall, Sie erkennen als Pulsatilla-Typ nun, dass Ihr „harter" Partner viele Übereinstimmungen mit Plumbum aufweist? Hier kann es helfen, nicht nur sich selbst, sondern auch den Partner mit der Gabe seines Konstitutionsmittels zu stärken und für die Partnerschaft zu öffnen. Im Idealfall geraten dann beide Partner in ihre „Mitte", und viele Unterschiede gleichen sich aus.

Aber Vorsicht – wenn Sie daran denken, jemand anderem „Zauberkügelchen" anzubieten, dann tun Sie das bitte nicht heimlich, sondern beziehen Sie ihn in Ihre Überlegungen ein. Lassen Sie denjenigen selbst nachprüfen, ob das Mittel, dass Sie für ihn ausgesucht haben, etwas für ihn wäre. Noch besser ist es, Sie schicken ihn zur Erstanamnese zu einem klassischen Homöopathen, denn weit über Paarprobleme hinaus kann Homöopathie den Gesundheitszustand eines Menschen positiv beeinflussen und schon dadurch ein Miteinander bereichern.

■ Machen Sie jemanden nicht heimlich mit dem Zauber der Homöopathie bekannt – Vertrauensbruch ist einer der schlimmsten Liebestöter.

Wenn Sie nun laut Testergebnis in die vierte Gruppe gehören und sich dennoch ganz stark in der Chamomilla wiederfinden? Wenn Sie auf große Widersprüche stoßen, liegt das meist daran, dass Sie Schwierigkeiten in der Selbsteinschätzung haben. Fragen Sie hier doch Ihre beste Freundin oder Ihren Partner oder einen Elternteil, wie er oder sie Sie beschreiben würde. Manchmal erlebt man dabei sein blaues Wunder …

Wenn Sie nun bei einem der genannten Arzneien einige Übereinstimmungen mit Ihrer eigenen Verfasstheit (oder der Ihres Partners) entdeckt haben, halte ich es für vertretbar, wenn Sie das angegebene Mittel in Eigenregie versuchen.

GUT ZU WISSEN

Wichtig: Testen Sie das Homöopathikum vorher kurz aus

Machen Sie zunächst einen Test, bei dem Sie von dem Homöopathikum, das Sie als zutreffend ausgewählt haben, eine D12 einnehmen, deren Wirkung etwa einen Tag anhält. In dieser Zeit können Sie bereits beurteilen, ob das gewählte Mittel für Sie tatsächlich heilende Wirkung hat, denn wenn die Ähnlichkeit Ihrer Beschwerden mit dem Mittel groß ist, werden Sie schon wenige Minuten nach der Einnahme von 5 Kügelchen eine Reaktion des Körpers feststellen. Verlief dieser Test positiv, können Sie die Potenzstufe C200 ausprobieren. Man nimmt die C200 einmalig, sie wirkt etwa 4–6 Wochen. Wiederholt wird die Einnahme erst dann, wenn eine erneute Verschlechterung eingetreten ist.

Die folgenden Persönlichkeiten sind alles andere als „rund" und ausgewogen. Auch wenn manche der folgenden Beschreibungen nicht sehr sympathisch klingen: Jeder Typ, vom Super-Macho bis zum Extrem-Weichei, hat seine guten Seiten, die durch Einnahme des entsprechenden homöopathischen Mittels zum Vorschein kommen, sodass der beschriebene Typ ausgeglichener, souveräner, rücksichtsvoller, lockerer – kurz, in jeder Hinsicht für seine Umgebung und für einen Partner angenehmer und attraktiver wird.

■ In der Rubrik „körperliche Hinweise" werden ungewöhnliche Symptome genannt, die im Krankheitsfall auftreten können und ganz typisch sind für das beschriebene Konstitutionsmittel.

1. Gruppe: 195–250 Punkte

Hier werden Typen beschrieben, die anderen mit ihren Bedürfnissen so richtig auf die Nerven gehen können und hartnäckig genug sind, ihre Interessen gegen alle Widerstände durchzusetzen. Die Männer würde man wohl mit einem Wort als „Machos", die Frauen als „Diven" beschreiben. Sie kennen prinzipiell nur sich und gehen Beziehungen vor allem deshalb ein, um ihre eigenen Bedürfnisse zu erfüllen, und nicht, um für andere da zu sein. In der extremsten Ausprägung gibt es diesen Typus (Gott sei Dank!) eher selten. Sollten Sie in unserem Test viele Punkte gesammelt haben, werden Sie vermutlich wenig Übereinstimmung mit Ihrer eigenen Verfasstheit finden wollen. Klassische

Homöopathen wissen jedoch, dass Menschen im Laufe Ihres Lebens mehrere verschiedene Konstitutionsmittel brauchen und dass bestimmte Lebensumstände einen in Situationen hineintreiben können, in denen man tatsächlich manche Übereinstimmungen mit einer der folgenden Beschreibungen findet. Schicksalsschläge und Druck von außen können bewirken, dass wir alle zumindest vorübergehend zu Supermachos oder Superzicken werden, weshalb man die folgenden Beschreibungen nicht allzu schnell überspringen sollte ...

Acidum fluoricum (Flusssäure) – der Hansdampf in allen Betten
Vorwiegend für Männer

Bei der Beschreibung dieses Mittels heißt es unweigerlich: liebeswürdiger Schmetterling, ein Casanova, ein Schürzenjäger, der unzählige Frauen im Bett beglücken kann, immer für Sinnliches zu haben ist, ein Flaneur, ein Nachtschwärmer, der nur auf der Welt ist, um das Leben zu genießen. Jedenfalls sind diese Menschen weder impotent noch langweilig. Es ist der Popstar, der in der Regel keine Mühe hat, nach einem Konzert Bekanntschaften zu schließen. Dieses Beispiel zeigt auch die Verführungskraft dieses Mittels, die Aura des Besonderen, die ihn umgibt und das, was er sagt oder tut, bei ihm viel ein-

drucksvoller wirken lässt. Es ist typisch für diese Menschen, unkritisch sexuelle Kontakte zu suchen, da bei ihnen Abwechslung und Sinnlichkeit ganz oben stehen. Das hat dann zur Folge, dass sie egoistisch auftreten, gegebene Versprechen brechen und dann vielfach für beziehungsunfähig gehalten werden. Jenseits des 30. Lebensjahres ergibt sich äußerlich ein typisches Bild: Tendenz zur Glatze, Krampfadern und Hautausschläge in Stresssituationen. Meistens sind es Männer, die dieses Mittel brauchen, aber es gibt auch maskulin wirkende, genussfreudige Frauen. Man findet diesen Typ häufig als Performer ohne wesentliches Eigentalent, als Protegé und als verwöhnten Nachkommen schwerreicher Familien.

Seelische Hinweise
▪ Schaut jeder Frau interessiert nach.
▪ Mag keine abstrakten Themen, will „einfach nur Spaß" haben.
▪ Untüchtig im Beruf, ein Spätaufsteher, der erst bei Dunkelheit richtig aktiv wird.

Körperliche Hinweise
▪ Neigung zu Geschwüren und Knochenfisteln.
▪ Immer sehr schlechte Zähne.

So kommen Sie mit diesem Typ zurecht
Acidum fluoricum C200 lässt diese Menschen bodenständiger werden und weckt in ihnen Einfühlungsvermögen

für den Partner. Generell ist es aber so, dass Sie sich mit diesem Typus zwar schmücken, aber nur selten eine Partnerschaft im Sinne einer Arbeitsbeziehung aufbauen können.

Acidum nitricum (Salpetersäure) – der anspruchsvolle Genießer
Vorwiegend für Männer

Wenn Homöopathen von einem Patienten so genervt werden, dass sie innerlich schon zusammenzucken, wenn sie ihn nur in die Praxis kommen sehen, dann verschreiben sie gerne Acidum nitricum. Es ist das Hauptmittel für Menschen, die nerven, klagen und fordern. Wenn man ihnen allerdings helfen konnte, werden sie zu den treuesten Klienten und zeigen eine völlig neue Seite: Sie sind weltläufig und witzig, kennen Gott und die Welt und wissen ausgesprochen interessant zu erzählen. Was den kranken Acidum-nitricum-Typ so bösartig und rücksichtslos erscheinen ließ, ist die Kombination aus unerfülltem Lebenshunger und ungestillter Genussfreudigkeit. Er verträgt weder Stillstand noch Langeweile. Die Begabung für Geschäftliches lässt manche von ihnen steinreich werden, sie verstehen dann aber auch, das Geld mit vollen Händen auszugeben. Für den Partner bedeutet diese Veranlagung einen Wirbelwind an Leidenschaft und Luxus. Solange die Liebe anhält, werden Sie auf Händen getragen, und zwischen Yacht-Ausflügen, Helikoptertrips zum Shoppen in Großstädten und Verwöhnwochenenden in Luxushotels wissen Sie nicht mehr, wo Ihnen der Kopf steht. Sobald aber Langweile droht, zeigt sich wieder die negative Seite von Acidum nitricum: Egoismus, Gefühlskälte, Zynismus, Gleichgültigkeit. Im späteren Leben treten oft große Angst vor Krankheiten und Klagen über „Zipperlein" auf. Man findet diesen Typ bei Selbstständigen, die schon mal Konkurs gemacht oder den Beruf gewechselt haben und nur der „Kohle" wegen arbeiten.

Seelische Hinweise
▪ Sie beschweren sich dauernd, wollen aber keinen Trost.
▪ Sie lieben schöne Dinge und können sie genießen.
▪ Man hilft ihnen, indem man sie an ihre Vorlieben erinnert und wie sie mehr davon bekommen können.

Körperliche Hinweise
▪ Alle Schmerzen haben stechenden Charakter, wie von Splittern.
▪ Der Urin ist dunkel, fast braun.
▪ Verlangen nach oder Aversion gegen Fett.

So kommen Sie mit diesem Typ zurecht
Acidum nitricum C200 hilft immer dann, wenn Stillstand mit der Angst vor Krankheiten zusammentrifft. Es löst und lockert emotional auf. Ansonsten

sollte man schlechte Zeiten mit diesem Partner als Übergang sehen und die guten Zeiten bewusst feiern, denn nirgends ist das Leben berauschender als an der Seite eines festlich gestimmten Acidum-nitricum-Typs.

Aurum metallicum (Gold)

Dieses wichtige Mittel wird unter „Die 12 Archetypen der Liebe" genauer besprochen – siehe Seite 144.

Calcium sulfuricum (Calciumsulfat) – Mamas Liebling
Vorwiegend für Männer

Auch eine liebevolle, nachsichtige Mutter kann ein Kind „falsch" erziehen, wenn ihm dadurch ein überhöhtes Gefühl seiner Stellung vermittelt wird. Das Resultat ist dann ein Kind, das sich viel erlaubt und gar nicht spürt, wenn es Grenzen überschreitet, weil es sich immer der Zustimmung der Welt gewiss fühlt. Außerhalb des Einflussbereichs der Familie muss es dann später bitter lernen, dass die grenzenlose Liebe, die es als Kind erfahren hat, im Alltag nur mehr selten vorkommt und dass oft das Prinzip Leistung im Vordergrund steht. In dieser Situation kommen Calcium-sulfuricum-Züge zum Vorschein. Diese Menschen sind immer in Eile, hektisch betriebsam, dabei aber zu unbescheiden, um dauerhaft Erfolg

zu haben. Jemand, der nicht ihrer Meinung ist, wird schnell abschätzig behandelt. Das kann zu Isolation führen und den Druck noch erhöhen. Dauernd beschwert er sich dann, dass er nicht genug geachtet wird, seine Leistungen nicht genug gewürdigt werden, und grübelt darüber nach, was für ein Unglück ihn heimgesucht hat. Man findet diesen Typ eher in ländlichen Bereichen als Alleinerben eines gut geführten Betriebs.

Seelische Hinweise
- Große Selbstsicherheit und charmantes Auftreten.
- Ungeduld und Unverständnis, sobald etwas seinen Vorstellungen widerspricht.
- Gutes, enges Verhältnis zu seiner Mutter, der er aber auch bedenkenlos Unannehmlichkeiten zumuten kann.
- Lob macht ihn noch eingebildeter.

Körperliche Hinweise
- Neigung zu Abszessen und hartnäckigen Nasennebenhöhlenentzündungen.
- Besserung aller Beschwerden durch Kühlen.

So kommen Sie mit diesem Typ zurecht
Calcium sulfuricum C200 lässt ihn ruhiger und überlegter agieren und erlaubt ihm, in der Beziehung verständnisvoller und nachsichtiger zu sein. Durch einen verständnisvollen Partner, der die Rolle

der Mutter übernimmt, erwächst ihm Kraft. Dann zeigen sich die positiven Seiten dieses Typs: Bodenständigkeit, Verlässlichkeit, Fleiß und Familiensinn.

Chamomilla (Kamille) – die Liebesforderin
Vorwiegend für Frauen

Wenn ein Baby mit Zahnungsbeschwerden durch nichts mehr zufriedengestellt werden kann und erst ruhig wird, wenn seine Mutter es in den Arm nimmt und tröstet, verabreicht man als Kinderhomöopath gern Chamomilla. Diese Verhaltensweise gibt es tendenziell auch im Erwachsenenalter. Hier hilft Chamomilla ungeduldigen, fordernden Menschen, die einen mit ihrer verzweifelten Bedürftigkeit bedrängen und sich weder mit ernsthaften Lösungsvorschlägen noch mit Alternativangeboten abspeisen lassen. Dieser Konstitutionstyp entsteht dort, wo der Schutz durch eine starke Person weggefallen ist. Es sind meist Menschen, die behütet in der Gesellschaft nachsichtiger Erziehungspersonen aufgewachsen sind, die immer nur das Beste für sie wollten. Als Erwachsene müssen Chamomilla-Typen erst lernen, die Geduld ihrer Umwelt nicht überzustrapazieren. Sie können in der Partnerschaft schnell garstig werden, sind dann streitsüchtig und werfen einem Grobheiten an den Kopf. Dabei wollen sie aber eigentlich nur eines:

dass man sie tröstend in den Arm nimmt, und das selbst, wenn sie einen gerade angeschrien haben. Es sind empfindsame Naturen, denen man sicher nicht vorwerfen kann, „kalt" zu reagieren, und der passende Partner wird Chamomillas Emotionalität sogar schön finden. Man findet diesen Typ im häuslichen Umfeld als Hausfrau und Mutter oder als Erwachsene, die noch bei ihren Eltern leben und denen der Berufseinstieg nicht recht gelingen will.

Seelische Hinweise
- Sie wollen Hilfe, und das ganz schnell.
- Sie fordern ein, was ihnen am Herzen liegt, auch Fremden gegenüber.
- Wenn es ihnen schlecht geht, hilft es, sie einfach zu umarmen, festzuhalten und ihnen gut zuzureden.

Körperliche Hinweise
- Bauchkoliken mit grünlich-dünnen Durchfällen.
- Verträgt keinen Kaffee.

So kommen Sie mit diesem Typ zurecht
Chamomilla C200 lässt diese Menschen milder reagieren und macht sie geduldiger, sodass sie ihren Alltag besser bewältigen und verstärkt auf den Partner eingehen können. Versuchen Sie, bei Streitfällen versöhnlich zu reagieren, anstatt zu argumentieren. Dieser Konstitutionstyp klagt, um Zuneigung zu bekommen: Eine kurze Umarmung, ein tröstendes Wort kann hier Wunder wirken.

Colocynthis (Koloquinte) – das Rumpelstilzchen
Vorwiegend für Männer

Jemand, der immer schnell beleidigt ist und dann zu Zornesanfällen neigt, bei denen er wie ein Rumpelstilzchen herumhüpft oder mit Dingen um sich wirft, der braucht dieses Mittel. Der Zorn richtet sich zu einem Gutteil gegen den eigenen Körper: Diese Menschen können heftige Koliken im Bauch entwickeln oder sich in ihrer Wut einen Bandscheibenvorfall mit heftigem Ischias einhandeln – und das aus geringstem Anlass. Erinnern Sie sich an das „HB-Männchen" aus der alten Zigarettenwerbung, das so in Rage geriet, dass es an die Decke ging? Auch Donald Duck mit seinen quakenden Wutausbrüchen gehört zu diesem Typ. Menschen, die dieses Mittel brauchen, sind im Grunde ihres Wesens mitfühlend, empfindsam und haben einen starken Gerechtigkeitssinn, weshalb sie in einer Krise keinen Widerspruch vertragen, sondern Trost suchen. Was sie so leicht in die Luft gehen lässt, ist eine große Empfindsamkeit, die sie in ruhigen Momenten auch wohltuend in die Beziehung einbringen können. Weitere Stärken sind Gewissenhaftigkeit, Fleiß und Verlässlichkeit sowie ein ausgeprägter Familiensinn. Es sind Menschen, die ihre Lieben umsorgen und beschützen. Man findet diesen Typ als Führungskraft in streng hierarchisch geführten Systemen, zum Beispiel als Chefarzt einer Klinik.

Seelische Hinweise
▮ Mürrisches, kurz angebundenes Verhalten, als würde er sich dauernd mit alten Kränkungen beschäftigen.
▮ Ist nur zornig, wenn er verletzt wurde, sonst ist er eher fürsorglich.
▮ Einfühlsam, wenn anderen Missgeschicke passieren.

Körperliche Hinweise
Quälende Bauchschmerzen, die durch Zusammenkrümmen, festen Druck und Wärme besser werden.

So kommen Sie mit diesem Typ zurecht:
Ein Partner, der genug Humor und Geduld aufbringt, um zu warten, bis Colocynthis wieder „runterkommt", ist hier der Richtige. Colocynthis C200 kann nach einer Kränkung oder Demütigung Wunder tun und verhindert, dass sich dieser Konstitutionstyp in Rage hineinsteigert.

Elaps corallinus (Brasilianische Korallenschlange) – die Bindungssüchtige
Vorwiegend für Frauen

Meist sind es Frauen, die unter Einsamkeit so sehr leiden, dass sie Beziehungen suchen, als wären sie die Luft zum Atmen. Schon das Gefühl, allein sein zu müssen, lässt sie frieren bis zum Zähneklappern. Dahinter steckt eine starke Sinnlichkeit, die nur mit einem festen Partner gelebt werden kann. Das kann zu einer so ungewöhnlich nahen Bindung führen, deren Merkmale absolute Loyalität und Treue sind sowie das Gefühl, intensiv wahrgenommen und angenommen zu werden. Allerdings entsteht daraus auch eine gewisse Distanzlosigkeit, die den unabhängigen Beobachter erstaunen kann. Man wundert sich über die Hemmungslosigkeit, mit der ein Elaps-Typ den Partner kritisieren kann, und das tut er recht gern. Es ist in dieser Beziehung dauernd etwas los. Mal geht es dort laut zu, dann wird wieder geschmollt, unterbrochen von dramatischen Auftritten mit der Drohung, die Beziehung zu beenden, gefolgt vom Nervenzusammenbruch, wenn der Partner auch nur andeutet, diesem Ende nicht mit allen Mitteln entgegenstehen zu wollen. All das ist Ausdruck der Sehnsucht nach Intensität in der Beziehung, und wenn diese nicht gelebt werden kann, sind Elaps-Typen dauernd frustriert, wissen aber nicht genau, warum, und beginnen dann, auf dem Partner herumzuhacken. Kommt es dann zum offenen Streit, klagen sie über Schwindel, Kopfschmerzen und können vor Aufregung sogar ohnmächtig werden. Wie die anderen Schlangengifte weiß auch der Elaps-Typ, sich elegant zu kleiden und eine Wohnung geschmackvoll einzurichten. Man findet diesen Typ als Hausfrau und Mutter, die eine starke Begabung in sich spürt und „was Eigenes", beispielsweise ein Geschäft, aufbauen will, wozu es aber meist nicht kommt.

Seelische Hinweise

- Sie klagt darüber, wie viel sie dauernd erledigen muss – aber eigentlich ist es gar nicht so viel …
- Wenn Sie mit dem Partner streitet, geht es ihr noch schlechter, wenn er dagegenhält.
- Sie ist unordentlich, hat aber einen guten Geschmack und richtet den Teil der Wohnung, der für Gäste bestimmt ist, so her, dass er Eindruck macht.

Körperliche Hinweise

Schwärzliche Absonderungen, vor allem die Monatsblutung, aber auch dunkles Ohrschmalz.

So kommen Sie mit diesem Typ zurecht

Elaps C200 schenkt das Gefühl, angenommen zu sein. Zorn und Frustration kann sich wieder in die Gelassenheit verwandeln, die notwendig ist, um Nähe wieder zulassen zu können. Als Partner müssen Sie verstehen lernen, dass ihre Klagen Rufe nach Zärtlichkeit sind und sachliche Argumente hier nur wenig ausrichten können. Außerdem trifft bei keinem anderen Mittel der Spruch „Kleine Geschenke erhalten die Freundschaft" so zu wie hier.

Hepar sulfuris (Kalkschwefelleber) – der Handgreifliche

Vorwiegend für Männer

Menschen mit dieser Konstitution sind reizbar, leicht beleidigt und neigen dann aus Empörung zur Zerstörung. Im gesunden Zustand sind es gutmütige, fleißige Menschen, die fest im Leben stehen. Sie haben eine klare Vorstellung von Gut und Böse und den ausgeprägten Willen, dem Guten zum Sieg zu verhelfen. Wird ihr Rechtsempfinden verletzt, neigen sie zu „Ausrastern" und haben dann keine Probleme damit, in ein Handgemenge zu geraten. Sie können ohne Reue zuschlagen und Menschen verletzen, die sie für menschlich nicht in Ordnung halten. Wenn man den Hepar-sulfuris-Typ verletzt hat, wird er rachsüchtig genug, um im Extremfall sogar ein Haus in Brand zu stecken oder ein Auto zu Schrott zu fahren. Für den Partner ist der Umgang mit so einem Menschen ein Tanz auf dem Vulkan, sofern er nicht auf der gleichen Linie liegt. Wer ihn kennt und seine guten Seiten schätzt, hat in ihm den treuesten Freund. Meist aber ist es schwierig, mit ihm einen großen Freundeskreis zu pflegen, denn es kann bei Zusammentreffen immer wieder zu Ausrastern, Streit und Gewalt kommen, sobald Provokateure ihn reizen. Auch im häuslichen Umfeld kann ein Regelverstoß eine Gewaltkaskade auslösen. In einem Haushalt, in dem sich die Familienmitglieder oft nur im Flüsterton unterhalten dürfen, hat man es wahrscheinlich mit einem Hepar-sulfuris-Problem zu tun, an dem dann allerdings in der Regel auch der Partner einen gewissen Anteil hat, weil er die Autorität dieser sehr ehrbewussten Persönlichkeit untergraben hat. Man findet diesen Typ im Arbeitermilieu oder in Gesellschaften, in denen körperliche Stärke eine große Bedeutung für das persönliche Fortkommen hat.

Seelische Hinweise
- Er wirkt verschlossen und spricht nicht gern.
- Seine Liebe zeigt er, indem er sich für Sie einsetzt, beispielsweise einen Konkurrenten windelweich schlägt oder Sie gegen Spötter verteidigt, indem er handgreiflich wird.
- Sanfte Worte können ihn zu Tränen rühren.

Körperliche Hinweise
- Schwitzt leicht und friert sehr schnell.
- Alles Kalte wird schlecht vertragen.

So kommen Sie mit diesem Typ zurecht
Hepar sulfuris C200 hilft ihm, sich mehr auf fremde Gedanken und Moralvorstellungen einzulassen und etwas weicher und verständnisvoller zu werden. Wenn er erst einmal in „Fahrt" gekommen ist, sollten sie ihm kurz etwas Zustimmendes sagen mit dem Hinweis, später darüber in aller Ruhe zu reden.

Lachesis (Buschmeisterschlange) – die sinnliche Giftspritze

Vorwiegend für Frauen

Manchen Menschen machen schon beim Betreten eines Raumes Eindruck. Ist es die Schönheit ihrer Gestalt, die geschmackvolle Kleidung oder der sinnliche Blick, der einen gefangen nimmt? Menschen, die so aufzutreten wissen, brauchen oft Lachesis, wenn sie zornig oder verstimmt sind und dabei durch eine scharfe Zunge auffallen. Sie können mit Worten verletzen wie wenige andere, treffen punktgenau die empfindlichsten Stellen und können Partner mit ihrem Hass verfolgen und durch Rachsucht zerstören. Die Grundpfeiler dieses Persönlichkeitstyps sind Schönheit und Lebenslust, Emotionen und Ausdruck, sie haben einen herrlichen Sinn für Humor und sind ungemein kreativ. In Berufen, in denen sie ihre Kreativität einbringen können, schaffen sie sich schnell einen Namen. Durch ihre lebhafte Phantasie und eine fast übernatürliche Fähigkeit, Schwingungen wahrzunehmen, sind sie auch große Liebende. Leider bietet das Leben oft zu wenig Anreize, um diese Konstitution auszuleben. Dann zeigt sich die negative Seite des Lachesis-Typs, eine dauernde ärgerliche Verstimmtheit, die sich Luft macht durch Wortkaskaden, hektische Betriebsamkeit und Rachekampagnen, die er gern und ausdauernd gegen alle möglichen Gegner führt. Man findet diesen Typ in künstlerischen Bereichen, in denen er eine schillernde Figur abgibt, oder als Spezialist, dessen verletzende Art aufgrund seiner Kompetenz akzeptiert wird.

Seelische Hinweise

- Kann gut mit Worten umgehen und treffsicher Verletzendes sagen.
- Wenn sie unter Druck kommt, spricht sie unablässig und schimpft wie ein Rohrspatz.
- Die Monatsblutung wirkt beruhigend und entspannend, vor allem, wenn sie reichlich ist.

Körperliche Hinweise

- Die Berührung am Hals ist unangenehm.
- Hitze und Schlafen verschlechtern Beschwerden, die sich vor allem auf der linken Körperseite abspielen.

So kommen Sie mit diesem Typ zurecht

Wenn diese Menschen unter Anspannung stehen, muss man sie ausreden und ausschimpfen lassen im Bewusstsein, dass das therapeutische Wirkung haben kann. Räumliche Enge in einer kleinen Wohnung ist eine große Belastung für Lachesis. Dieser Typ braucht seinen eigenen Bereich, in dem er für sich sein kann, und einen eigenen Freundeskreis, mit dem er immer wieder Abstand herstellen kann. Lachesis C200 verwandelt Ärger in Neugier und Anspannung in Lebensfreude.

Luesinum (Syphilisnosode) – der Unglücksrabe
Vorwiegend für Männer

Es gibt Menschen, deren Leben auf eine Katastrophe zuzulaufen scheint. Sie tragen schwer an einem dunklen Geheimnis, einer alten Schuld oder einer alten Verletzung. Es sind destruktive Naturen, die das, was sie sich mühsam aufgebaut haben, aus einer Augenblickslaune heraus zerstören können im Gefühl, dass ihnen dergleichen ohnehin nicht zusteht. Sie empfinden eine tiefsitzende Angst, die sie allem gegenüber misstrauisch werden und gut gemeinte Ratschläge in den Wind schlagen lässt. Sie sind sehr angespannt und verkrampft, und wenn sie unter Druck kommen, neigen sie zu Waschzwang. Sie arbeiten bis zur Erschöpfung an einem Projekt, das objektiv gesehen wenig Erfolg verspricht. Bei Fehlschlägen ziehen sie sich von der Gesellschaft zurück und verfallen dann früher oder später in eine Depression, die in Selbstmord münden kann. Es ist für den Partner quälend, zu sehen, wie sich diese Menschen immer selbst im Wege stehen und ihre oft guten Anlagen mutwillig zerstören, bis sie zuletzt bitter geworden sind und vor dem Aus stehen. Man findet diesen Typ vorzugsweise im so genannten asozialen Milieu, aufgewachsen beispielsweise als uneheliches Kind einer lebensuntüchtigen Mutter, das nach einer Karriere als Jugendstraftäter versucht, den geraden Weg zu gehen und etwas aus seinem Leben zu machen.

Seelische Hinweise
▪ Bei allem Neuen, das er beginnt, denkt er vor allem an das Scheitern.
▪ Seine Anspannung fällt auf.
▪ In Krisen zieht er sich zurück und verstummt.

Körperliche Hinweise
Fast alle Krankheiten und Probleme äußern sich nur in der Zeit zwischen Sonnenuntergang und Sonnenaufgang.

So kommen Sie mit diesem Typ zurecht
Luesinum C200 bewirkt bei diesen Menschen eine auffallende Aufhellung der Stimmung, lässt sie fröhlicher und unbeschwerter werden und ermöglicht ihnen, manche Probleme zu lösen, an denen sie eben noch zu scheitern drohten. Auch in die Partnerschaft kehrt wieder die Unbeschwertheit zurück. Als Partner können Sie Krisen abwenden helfen, indem Sie ruhig und bestimmt die Richtung in der Beziehung angeben. In finanziellen Dingen sollten Sie möglichst das Heft in der Hand behalten.

Lycopodium clavatum (Bärlappsporen)
Dieses wichtige Mittel wird unter „Die 12 Archetypen der Liebe" genauer besprochen – siehe Seite 138.

Mercurius (Quecksilber) – der bewunderte Spieler
Vorwiegend für Männer

Viele Homöopathen glauben, dass Mercurius das Mittel für Ausnahmeerscheinungen wie Napoleon oder Julius Caesar gewesen wäre. Es sind ungemein begabte Menschen, die der Umgebung ihren Stempel aufdrücken. Sie schillern wie Quecksilber, aber sie bieten keinen Halt und sind giftig. Wenn es Missstimmigkeiten gibt, reagieren sie kalt und werden als egoistisch und lieblos empfunden. Sie verfolgen ihre Ziele mitunter so zielgerichtet und unbeirrbar, als ob sie notfalls keine Bedenken hätten, die Geliebte zu opfern, sofern es ihrer Sache dient. Also Vorsicht! An der Seite eines viel bewunderten und viel beneideten Mercurius kann die Luft ganz schnell knapp werden. Man findet diesen Typ in gesellschaftlichen Nischen, in denen er es weit gebracht hat. Er kann im Einzelfall sogar Milliardär sein, der mit geschickten Käufen sein Geld vermehrt hat, oder ein berühmter Künstler, der sein Fachgebiet neu definiert hat und auf ihm konkurrenzlos ist.

Seelische Hinweise
- Reagiert kalt, wenn man von ihm Gefühle erhofft.
- Alles ist für ihn ein Spiel, und er muss immer gewinnen.
- Lob und Zuspruch ärgern ihn, denn er ist nur an Resultaten interessiert. Sie können ihn aber erfreuen, wenn Sie ihn darauf aufmerksam machen, wo sich seine Ideen bereits verwirklicht haben.

Körperliche Hinweise
- Reichliche Schleimabsonderung aus dem Mund, oft Halsschmerzen.
- Verträgt Wetterumschwünge schlecht.

So kommen Sie mit diesem Typ zurecht
Wenn er einen schlechten Tag hat, schlagen Sie ein Spiel vor und lassen ihn gewinnen, denn Siegen ist für ihn von großer Heilkraft. Eine Dosis Mercurius C200 kann seine Kälte mildern und sein Einfühlungsvermögen erhöhen. Generell gilt aber: Verlieren Sie in einer langfristigen Beziehung nie ganz Ihre soziale Autonomie aus dem Auge, sondern genießen Sie sein Talent und seine visionäre Kraft eher aus einer gewissen Distanz, die er auch braucht, um seinen Weg gehen zu können.

Niccolum (Nickel) – der Oberlehrer
Vorwiegend für Männer

Tüchtige Menschen, die beruflich und privat alles im Griff haben, neigen mitunter dazu, anderen ihre Errungenschaften immer wieder bewusst machen zu wollen. Im Grunde haben sie ja auch recht: Wenn alle so wären wie sie, wäre die Welt eine bessere. Die Art aber, mit der sie anderen ihre Lehren erteilen, führt nur selten ans Ziel, denn sie wird von den meisten Menschen als anmaßend und oberlehrerhaft empfunden. Im Straßenverkehr halten sie eine Geschwindigkeitsbeschränkung exakt ein, um alle Drängler zu ordnungsgemäßem Verhalten zu erziehen. Bei der Polizei findet man viele Nickel-Typen – man darf mit ihnen keinen Streit anfangen, denn dann zeigen sie einem, wer hier das Sagen hat. Dabei hat der Nickel-Typ keine Schwierigkeiten damit, selbst kleine Regelverstöße zu begehen – Hauptsache, der andere hat seine Lektion gelernt. Als Partner ist Nickel verlässlich, er übernimmt das Ruder, regelt alles Geschäftliche und bietet die starke Schulter, an der man sich ausweinen kann. Allerdings führt er ein strenges Regiment, und man kann es ihm nur sehr schwer recht machen, denn für ihn gilt das Motto: Es gibt nichts Gutes, außer ICH tue es. Man findet diesen Typ als Lehrkraft an höheren Schulen, als Polizei- oder Verwaltungsbeamten.

Seelische Hinweise

▪ Wenn Sie etwas sagen, unterbricht er sie mit „Ja, ja, ja", um Ihre Worte zu beschleunigen.

▪ Ein Streit endet erst, wenn er das Gefühl hat, recht behalten und das bewiesen zu haben.

▪ Jeder, der ihm widerspricht, ist sein Feind.

Körperliche Hinweise

▪ Schwerer Kopf morgens nach dem Aufstehen.

▪ Verdauungsschwäche, Verstopfung.

So kommen Sie mit diesem Typ zurecht

Niccolum C200 erlaubt es ihm, vom hohen Ross zu steigen. Er zeigt dann wieder stärker die Eigenschaften, die ihn im Beruf weit bringen: Fleiß, Durchblick und einen Sinn für Qualität. Wenn Sie ihm etwas Gutes tun wollen, dann sprechen sie, wenn er niedergeschlagen ist, über vergangene Erfolge, in denen er es anderen „bewiesen" hat – und er wird gleich wieder munter werden.

Nux vomica (Brechnuss) – der Boss
Vorwiegend für Männer

Der „Macher", der schon morgens um 5 Uhr wach liegt und den Tag im Kopf durchgeht, der hektisch und reizbar die dicht gedrängten Positionen seines Terminkalenders abhält, was ihm nur unter Einsatz großer Mengen von Kaffee, Zigaretten und anderen Aufputschmitteln gelingt. Dafür wird er abends als Genießer mit Sherry und Zigarre auftreten.

▪ Nux vomica ist die „Einsteigerdroge" für Skeptiker der Homöopathie, die erfolgreich bei den meisten Magen-Darm-Beschwerden eingesetzt wird.

Nux-vomica-Typen sind tüchtig, kompetent und deshalb auch erfolgreich – vorausgesetzt, sie verfallen nicht der Spielsucht, einem Laster, dem sie häufig frönen. Mit Bedenkenträgern und Bürokraten macht Nux vomica kurzen Prozess. Als Partner sind Nux-vomica-Menschen mitunter ungeduldig, sie können sehr zornig werden und haben die Neigung, zynische Bemerkungen fallen zu lassen. Dafür zeichnen sie sich durch Treffsicherheit bei Analysen, Geschmack und umfassende Bildung aus und machen trotz eines meist etwas kompakten Körpers durch sicheres Auftreten und elegante Kleidung Eindruck. Wenn ein Partner ihn davon abhalten kann, aus Spielfreude alles auf eine Karte zu setzen, führt das Leben an seiner Seite auf die Straße zum Erfolg. Man findet diesen Typ vor allem im Managementbereich großer Firmen, die sich der Gewinnmaximierung verschrieben haben.

Seelische Hinweise

- Ungeduldig mit allem, was einen geregelten Ablauf hemmt.
- Zornig durch Unsachliches.
- Gebessert, wenn man immer bei der Sache bleibt und lösungsorientiert argumentiert.

Körperliche Hinweise

- Isst viel und schwer und hat daher oft Magen-Darm-Probleme.
- Neigung zu Schmerzen in der Lendenwirbelsäule.

So kommen Sie mit diesem Typ zurecht

Nutzen Sie Phasen der Überforderung und der Hektik, um den Nux-vomica-Typ in der Freizeit liebevoll zu umsorgen – und er wird Sie sanfter und rücksichtsvoller behandeln. Nux vomica C200 ist dann angebracht, wenn Schlaflosigkeit und Hast beruflichen Erfolg zu verhindern drohen. Dabei registriert man in der Regel auch in der Beziehung eine „weichere", einfühlsamere Seite.

Platinum (Platin) – die Königin
Vorwiegend für Frauen

Arrogant, stolz, hochmütig, herablassend – all das gehört zu Platin. Man kann aber auch von natürlichem Adel, Entschiedenheit und Standfestigkeit sprechen, mit denen dieser Typus seine Mitmenschen beeindruckt. Sie ist eine Herrscherin, die weiß, was sie will und was sie nicht will. Da sie der Auffassung ist, anderen Gesetzen zu gehorchen, empfindet sie vieles als Majestätsbeleidigung, was vielleicht nicht so gemeint war. Das Leben an der Seite dieser Partnerin wird nie langweilig, denn sie hat einen ausgeprägten Sinn für Schönheit und Qualität und weiß dem Alltag immer eine besondere Note zu verleihen. Sie hat Geschmack – eigenwillig und nie schlecht – und kann diesen oft auch beruflich einsetzen und dabei als Architektin oder Designerin großen Erfolg finden. Das Leben mit einer Platina ist auch im sexuellen Bereich aufregend, da es sich um äußerst sinnliche Menschen handelt. Man findet diesen Typ häufig im Jet-Set oder im alteingesessenen Bürgertum großer Städte.

Seelische Hinweise
- Platin kann es nicht ertragen, auf Fehler hingewiesen zu werden.
- Kann für sich kämpfen, auch in scheinbar aussichtsloser Position.
- Der Ton macht die Musik – wenn Sie eine Platina in gedämpftem Ton ansprechen, wird sie das beruhigen, wogegen ein normaler oder lauter Ton Symptome verschlechtert.

Körperliche Hinweise
- Extreme Empfindlichkeit der Geschlechtsorgane.
- Starke sexuelle Erregung.
- Bei Problemen völlig aus der Bahn geworfen und hysterisch reagierend, mit dann außerhalb des Zyklus auftretender, dunkler Regelblutung.

So kommen Sie mit diesem Typ zurecht
Platin C200 kann das Abrutschen in seelische Krisen lindern, depressive Verstimmungen aufhellen und das Scharfe und oft Verletzende dieses Persönlichkeitstyps ausgleichen. Dabei kann Homöopathie einen Kreativitätsschub auslösen, der beide Partner beglückt. Für den Partner ist es wichtig, sich

neben Platin bewusst zu behaupten und ihre Herrschaftsansprüche mit sachlichen Hinweisen zu bremsen, bevor sie überhandnehmen. Bei Niedergeschlagenheit helfen Sie Platin durch Abwechslung oder mit schmeichelnden Worten.

Plumbum metallicum (Blei) – der Machtbewusste
Vorwiegend für Männer

Dieses Mittel passt auf Menschen, die in eine einflussreiche Familie hineingeboren sind oder durch einen glücklichen Umstand in eine Position geraten sind, in der sie Macht und Einfluss haben. Dort fühlen sie sich so lange wohl, bis sie merken, dass die Kräfte nachlassen und ein Absturz sich ankündigt. In dieser Situation treten starke existenzielle Ängste auf, die diesen Konstitutionstyp an die Oberfläche bringen. Ältere Arbeitnehmer, die von jüngeren bedrängt werden, oder Politiker, die merken, dass ihr Einfluss in der Partei zu schwinden beginnt, brauchen mitunter homöopathisches Blei. Allerdings gibt der Bedarf an Plumbum einen Hinweis darauf, dass hier gerade keine günstige Lebenssituation vorliegt, um eine Beziehung einzugehen. Plumbum-Menschen sind misstrauisch und fürchten stets einen Angriff. Wenn sie den Halt verlieren, kommt eine Neigung zur Gewalttätigkeit hinzu, die auf dem

Boden eines überhöhten Machtanspruchs wächst, gepaart mit Größenideen und einem ungebrochenen Egoismus. Für den Partner bedeutet das oft bedingungslose Unterordnung, oder es wird immer wieder zu Handgreiflichkeiten kommen, mit denen der Machtverlust verhindert werden soll. Man findet diesen Typ vor allem als alteingesessenen Landwirt oder Spross einer Unternehmerfamilie.

Seelische Hinweise

- Geizig in allem, was nicht seinen unmittelbaren Interessen entgegenkommt.
- Er fordert absolute Aufrichtigkeit, ist selbst aber unaufrichtig.
- Er legt alles Zögerliche als Verschleierungstaktik aus.

Körperliche Hinweise

- Gelblicher Hautteint.
- Krämpfe und Lähmungen.

So kommen Sie mit diesem Typ zurecht

Plumbum C200 wird die Situation etwas entspannen und mildert die Neigung zur Gewalttätigkeit. Im Umgang mit diesem Konstitutionstyp ist es auch wichtig, bewusst offen zu agieren, da jedes Verheimlichen rasch als Betrug oder Berechnung ausgelegt wird.

Stramonium (Stechapfel) – das Partygirl
Vorwiegend für Frauen

Es gibt Menschen, die es richtig genießen, mit anderen gemeinsam auf den Putz zu hauen und dabei alle Alltagssorgen zu vergessen. Sie sehnen sich nach Licht, Glamour und Gesellschaft. In der Partnerschaft bitten sie immer wieder um Gunstbeweise und ersuchen einen immer wieder, mit ihnen nett umzugehen. Ihre größte Angst ist es, verlassen zu werden und allein sein zu müssen. Wenn es einmal nicht so gut läuft, stürzen sie sich ins Vergnügen, egal wann, wie und mit wem. Dabei reden sie gern, egal über was, singen und lachen. Sie können mit ihrer Lustigkeit alle mitreißen, „heben ab" und haben verrückte Ideen. Sie bilden das Epizentrum der Vergnügungen und scharen durch ihr Charisma immer einen Freundeskreis um sich, für den sie der Taktgeber sind. Sie wirken stark und unbeschwert. In der Krise aber zeigt sich, wie sehr sie sich innerlich von anderen Menschen abhängig machen, und nichts kann Stramonium so aus der Fassung bringen wie die Drohung, eine Beziehung zu beenden. Sie beginnen, den Partner zuzutexten, flehen ihn inständig an oder beginnen zu toben bis zum Delirium. Sie fühlen sich innerlich so sehr bedroht, dass sie sich entweder in Religiosität flüchten und viel beten oder ausfallend werden und dann auch

nicht vor körperlicher Gewalt zurück-
scheuen. Sie haben keine Bedenken,
Lügengeschichten zu erfinden und zu
erpressen. Man findet diesen Typ im
Umkreis von Menschen, die bereit sind,
ihr Geld für amüsante Partner auszugeben.

Seelische Hinweise

- Furcht vor Dunkelheit, Gespenstern und der Macht des Schicksals.
- Entdecken in einer Krise den Glauben und werden dann missionarisch.
- Der Satz, der sie in einer Beziehung am meisten freut: Ich habe gehört, bei XY steigt gerade eine Fete …

Körperliche Hinweise

- Die Augen sind weit offen und glän-zen, die Pupillen sind geweitet.
- Kennen fast keine Schmerzen.

So kommen Sie mit diesem Typ zurecht

Die Gabe von Stramonium C200 ermöglicht es diesem Typ wieder, das Tem-
peramentbündel zu werden, mit dem
einem nie langweilig wird. Als Partner
sollten Sie in dieser Beziehung der ruhi-
ge, nachdenkliche Teil sein, der Ab-
stürze verhindert und Krisen durch
Sachlichkeit wieder in den Griff bekommt. Mitfeiern müssen Sie dabei
nicht unbedingt. Ein sicherer Halt ist für
den Stramonium-Typ wichtiger als alles
andere – Partymachen und Ausgehen
kann er auch alleine.

Tuberculinum (Tuberkulose-nosode) – der Nomade
Vorwiegend für Männer

Dieses rastlose Mittel kann mit dem
Begriff „Heimat" nicht viel anfangen.
Weltoffenheit, Strebsamkeit und Fleiß
zeichnet diese Menschen aus. Sie sind
ortsunabhängig und gehen am liebsten
als Experten in die Fremde, um sich an
Projekten zu beteiligen, die sie einige
Monate binden, bevor sie dann wieder
woanders etwas Neues in Angriff nehmen. So verhält sich der Tuberculinum-
Typ leider auch oft in der Beziehung. Er
lebt sie intensiv, solange das anfängli-
che Feuer brennt, doch sobald Stillstand
und Langeweile drohen, sehnt er sich
woandershin. Hier besteht für einen
Partner also die Gefahr, weder eine dau-
erhafte Heimat zu finden noch im
Familienglück schwelgen zu können.
Auch die Freizeitaktivitäten spiegeln die
Neigung, an die Grenzen zu gehen, zum
Beispiel beim Extrembergsteigen mit
Absturzgefahr. Im Urlaub geht es am
liebsten in die Wildnis, wo man nur
wenig Komfort hat, aber die Freiheit
und Ungezähmtheit der Natur finden
kann. Dabei vertragen Tuberculinum-
Typen Kälte und Überanstrengung nur
schlecht und werden oft auf Reisen
krank. Man findet diesen Typ als freien
Mitarbeiter und Fachmann, der sich
durch seine Tüchtigkeit in der Gesellschaft eine Nische geschaffen hat, die
ihm große Unabhängigkeit garantiert.

Seelische Hinweise

- Problematisches Verhältnis zu Eltern und Geschwistern.
- Überarbeitet sich auf dem Weg zum Erfolg bis zur Erschöpfung.
- Unabhängige Geister, die kein Geschick haben, in hierarchischen Systemen weiterzukommen.

Körperliche Hinweise

- Neigung, sich dauernd zu verkühlen.
- Abmagerung trotz guten Essens.

So kommen Sie mit diesem Typ zurecht

Tuberculinum C200 hilft ihm, gemeinsam mit dem Partner ein Nest zu bauen. Er wird dort allerdings eher zu Besuch sein. Sie sollten ihm seine Freiräume lassen und akzeptieren, dass er in der Familie eher einen distanzierten Elternteil abgibt.

2. Gruppe: 160–194 Punkte

In dieser Gruppe ist nun schon ein weitaus größerer Teil der Menschheit versammelt. Sie werden hier eher Übereinstimmungen zwischen den geschilderten Persönlichkeiten und Ihnen beziehungsweise den Menschen finden, die Ihnen im Alltag begegnen.

- In dieser Gruppe gibt es einige „Polychreste", homöopathische Arzneimittel, von denen man weiß, dass sie bei den meisten Menschen eine gute Wirkung erzielen.

Apis mellifica (Gift der Honigbiene) – die Neidische

Vorwiegend für Frauen

Wir finden hier Menschen mit einer nervösen Konstitution, die sehr stark um ein Thema kreisen: den Neid. Meist sind es Frauen mit starken Empfindungen, einem ausgeprägten Sinn für Schönheit, Stil und Erotik, was sich paart mit der Erkenntnis, dass alles seinen Preis hat. Das führt unweigerlich in der Mitte des Lebens zu der Frage, wie man eigentlich selbst abgeschnitten hat, und nun beginnt ein Teufelskreis. Ein langjähriger Partner kann es ihr nicht mehr recht machen, weil er sein Versagen ja bereits „bewiesen" hat. Der Blick fällt nun auf andere mögliche Partner, und es beginnen Phantasien darüber, was sein könnte. Da vieles, was Apis selbst anfasst, misslingt, beneidet sie andere, die sich mit Fleiß und Geschick eine Existenz aufgebaut haben. In einer Beziehung kann es schon ausreichen, wenn der Partner gerade entspannt auf dem Sofa liegt und sie den Boden aufwischt – schon kommt ein Kreislauf von Gedanken in Gang, in dem sie eine Opferrolle einnimmt, weil sie dem Partner die Ruhe neidet, die er sich gönnt. Bei längeren Beziehungen tritt zum Neid noch die Eifersucht hinzu, die Vorstellung, dass es sich der Partner mit jemand anderem schön macht, während man selbst für ihn schuftet. Hier macht sich Apis auch schon mal mit obszönen Ausdrücken Luft. Sie finden diesen Typ als Hausfrau, die wenig Kontakte nach außen hat und sich als untüchtig und noch nicht ganz erwachsen empfindet.

Seelische Hinweise

▌ Misstrauen gegen den Partner.
▌ Eifersucht und Neid gegen jeden, der es angeblich besser hat.
▌ Leitet gerne Prozesse vor Gericht in die Wege, in denen sie ihre Opferrolle ausleben kann.

Körperliche Hinweise

▌ Fehlender Durst auch bei heißem Klima.
▌ Krankheit macht nervös und zugleich schläfrig.

So kommen Sie mit diesem Typ zurecht

Apis C200 stärkt die Eigeninitiative und lenkt den Blick auf die eigenen Fähigkeiten und Möglichkeiten zur Lebensgestaltung. Als Partner sollten Sie lernen, Verdächtigungen früh die Grundlage zu entziehen und dem Apis-Typen Sicherheit und Schutz in Gefühlsdingen zu geben.

Argentum metallicum (Silber) – die Silberzunge
Vorwiegend für Männer

Wie alle Edelmetalle bemühen sich Menschen mit diesem Arzneimittelbild ebenfalls darum, auf ihre Mitmenschen Eindruck zu machen und in der Gesellschaft aufzusteigen, und dazu benutzen sie vor allem ihre Stimme. Im Englischen gibt es den Ausdruck, jemand habe eine „silberne Zunge", sei also sehr redegewandt und wisse mit Worten zu begeistern. Diese Menschen haben die Fähigkeit, gerne und viel zu sprechen, ohne dass es anderen jemals langweilig wird, und oft wird auch ein Beruf daraus. Anwälte, Politiker, Sänger, Fernsehmoderatoren, unter ihnen finden sich immer wieder Menschen, die besonders gut sprechen. Wenn sie sich schlecht behandelt fühlen, werden sie heiser. Personen des öffentlichen Lebens, die bei einer Niederlage ihre Stimme verlieren, brauchen meistens Argentum metallicum. Falls ein Partner sich verbal nicht behaupten kann, wird er bei Auseinandersetzungen gerne an die Wand geredet. Diesen Typ findet man als Anwalt, Politiker, Sänger, Fernsehmoderator, aber auch als Feuilletonisten großer Zeitungen.

Seelische Hinweise

- Machen Komplimente, um sich sprechen zu hören oder den Effekt ihrer Worte zu beobachten.
- Neigung zu Ängsten in ungewohnten Situationen oder in Lebensbereichen, die sie nicht kennen.

Körperliche Hinweise

Beschwerden der Atemwege wie Schleimbildung, Räuspern, Husten beim Lachen, trockener Hals, Heiserkeit.

So kommen Sie mit diesem Typ zurecht

Argentum metallicum C200 ist immer dort angebracht, wo geschäftliche Misserfolge Heiserkeit und Ängstlichkeit hervorrufen. In der Partnerschaft bewirkt es ein verstärktes Eingehen auf die Bedürfnisse und eine Beteiligung am Leben des anderen. Als Partner müssen Sie lernen, im Schatten einer starken Persönlichkeit zu leben, ohne dabei emotional zu kurz zu kommen. Handeln Sie klare Verträge aus, legen Sie beispielsweise gemeinsame Freizeitaktivitäten fest, bei denen er sich nur Ihnen widmet.

Arsenicum album (Arsen) – der kühle Rechner

Vorwiegend für Männer

Wenn diese zart gebauten Menschen, die auf etwas altmodische Art elegant gekleidet sind, in die Praxis kommen, machen sie einen in kürzester Zeit darauf aufmerksam, wie man seine Arbeit besser, gründlicher und genauer machen könnte – und das Schlimme daran: Sie haben durchaus recht. Ein scharfer Geist, gepaart mit Fleiß, angetrieben von einer großen Angst: Das ist Arsenicum album. Es wird keinen wundern, dass man diese Menschen in Spezialistenberufen findet, meist in selbstständiger Tätigkeit, dass sie verlässlich und exakt arbeiten und dafür auch gutes Geld verlangen. Zu Geld und Wohlstand haben sie eine eigentümliche Beziehung – eine Kombination aus Geiz und einer Vorliebe für erlesene Dinge, die schon mal was kosten dürfen. In einer Partnerschaft zeigt sich eine körperliche Neigung, leicht zu frieren und oft kalte Hände und kalte Füße zu haben, und auch eine gewisse Gemütskälte. Andererseits sind es verlässliche Partner, an deren Seite man im Laufe der Jahre zu Wohlstand, wenn nicht Reichtum gelangt, sofern man es ertragen kann, bei Fehlern, Schlampigkeiten und anderen Nachlässigkeiten mehr oder minder sanft korrigiert zu werden. Sie finden diesen Typ als Anwalt, Steuerberater oder Universitätsprofessor.

Seelische Hinweise

- Sagt anderen offen, welche Fehler sie machen.
- Hat große Angst, selbst Fehler zu machen.
- Ist genau bis zur Pedanterie.
- Neigung zu Geiz.

Körperliche Hinweise

- Brennende Schmerzen, die sich durch heiße Anwendungen verbessern.
- Friert leicht, kalte Hände und Füße.

So kommen Sie mit diesem Typ zurecht

Arsenicum album C200 hilft ihm, nachsichtiger zu werden und dabei auch Gefühlen mehr Platz einzuräumen. Als Partner müssen Sie lernen, in Geldangelegenheiten einen eigenen Standpunkt zu vertreten und Kritik so zu nehmen, wie sie gemeint ist: als Vorschlag, Dinge besser zu machen.

Belladonna (Tollkirsche) – das Energiebündel
Vorwiegend für Frauen

Meist sind es gut aussehende, vollblütige Frauen, die sich im Geschäftsleben durchsetzen, weil sie charmant, einfallsreich, lustig sind und gewitzt genug, Chancen zu erkennen, sowie beherzt genug, sie auch zu ergreifen. Außerdem können sie sehr lange und sehr hart arbeiten. Mit der Doppelbelastung Familie und Beruf kommen sie blendend zurecht, selbst wenn das bedeutet, tagsüber von Termin zu Termin zu hetzen, abends mit den Kindern zu pauken und nachts bis in die Puppen Hausarbeiten zu erledigen. Die Achillesferse dieser Menschen liegt im emotionalen Bereich. Es sind leidenschaftliche, sinnliche, dem Leben zugewandte Menschen, die im grauen Alltag zu ersticken glauben und mit einem langweiligen Partner auf Dauer nichts anfangen können. Unternehmungslustig, nicht immer treu und unbeirrbar auf dem Weg zum Glück, können sie im Streit schon mal handgreiflich werden. Es ist etwas Wildes, Ungezähmtes in diesen Menschen. Sie finden diesen Typ als selbstständige Unternehmerin, bei der alles zum Erfolg wird, was sie anpackt.

Seelische Hinweise

- Lobt sich selbst und verschließt die Augen vor eigenen Defiziten.
- Lacht gerne und manchmal unmotiviert.
- Neigt zu Geheimniskrämerei, versteckt gerne Dinge.
- Verträgt Kritik gut, solange es keine völlige Verurteilung ist.

Körperliche Hinweise

- Trockenheit und Hitze der Haut und Schleimhäute.
- Klopfende, pulsierende Schmerzen.

So kommen Sie mit diesem Typ zurecht

Sie sollten in dieser Beziehung der Bewundernde, Zurückhaltende sein, der auf dem Boden bleibt und auch einmal unangenehme Wahrheiten ausspricht. Belladonna C200 ist dann angebracht, wenn sich bei Überforderung die Kraft und Vitalität gegen den eigenen Körper richtet, wobei meist äußerst heftige

Beschwerden die Folge sind, vor allem Migräne oder Rückenschmerzen.

Berberis vulgaris (Sauerdorn) – die Übellaunige
Vorwiegend für Frauen

Schon mal von Xanthippe, dem zänkischen Weib des Sokrates, gehört? Menschen, die dieses Mittel brauchen, sind ständig unzufrieden, klagen viel, sind ängstlich und gereizt. Warum tun sie das? Weil sie mit einem Sokrates verheiratet sind, der sich um häusliche Belange und das Fortkommen der Familie überhaupt nicht kümmert. Diese Konstitution entsteht also aufgrund der Vernachlässigung durch den Partner und seinem Unwillen, Aufgaben im Alltag zu übernehmen. Mit der Zeit führt so etwas zu Überforderung, und deshalb werden Berberis-Typen auch gerne krank und finden es schwer, die Schönheit des Lebens zu sehen. Ein kurzer Ausflug hilft da wenig, denn sie ahnen, dass alles Organisatorische an ihnen hängen bleiben wird und sie deshalb keine Entspannung finden werden. Deshalb kommt es dann zum Beispiel schon nach kurzer Autofahrt zu starken Kreuzschmerzen oder einer Gallen- oder Nierenkolik, die allen anderen den Tag verdirbt. Das Interesse der ganzen Familie kreist immer nur um diese Menschen, die dauernd Probleme verursachen, dabei düstere Vorahnungen mitteilen, und als Spaßbremsen aktiv werden, wo sich andere amüsieren. Warum tun sie das? Weil ihnen irgendwann in der Beziehung einmal die Rolle der Verantwortlichen und der Ernährerin zugeteilt wurde und dabei alles kindlich Unbeschwerte verloren ging. Bei „Hypochondrie", „wechselnden Beschwerden" oder „Übellaunigkeit" wird unter anderem auch Berberis erfolgreich angewendet. Dieser Typ ist die Hausfrau, die ein strenges Regiment führt und ihren Haushalt im Griff hat.

Seelische Hinweise
▌ Fühlt sich von allen unverstanden.
▌ Ist neidisch auf die Fähigkeiten von anderen und dass es ihnen so viel besser geht als ihr.

Körperliche Hinweise
Nierenkoliken links, die den Harnleiter herab bis in die Harnröhre ziehen.

So kommen Sie mit diesem Typ zurecht
Berberis vulgaris C200 kann diesen Personlichkeitstyp entspannen und ihn in Urlaubsstimmung versetzen. Allerdings sollten Sie als Partner auch bereit sein, ihm Arbeiten abzunehmen und ihn ein bisschen zu umsorgen.

Calcium carbonicum
Dieses wichtige Mittel wird unter „Die 12 Archetypen der Liebe" genauer besprochen – siehe Seite 134.

Crocus sativus (Safran) – das ewige Kind
Vorwiegend für Frauen

Es wird meist bei launischen, unbeständigen Menschen gebraucht, denen man als Kind vieles „durchgehen" ließ und die noch nicht ganz in der Erwachsenenwelt angekommen sind. Sie wissen nicht genau, was sie wollen, neigen zu Zornesausbrüchen, bei denen sie mit Gegenständen werfen, schreien oder auf einen einprügeln, gefolgt von tiefer Reue mit Tränen, um dann wieder zu lachen. Sie haben sich auch einiges an guten, wichtigen Dingen aus der Welt kindlichen Erlebens bewahrt, sind ungestüm, experimentierfreudig und spontan, begeisterungsfähig und aufgrund einer gewissen Vertrauensseligkeit und Naivität von Verführern leicht zu beeindrucken. Sie tanzen und sind lustig bis zur Erschöpfung, können bei guter Laune jeden küssen und mit jedem fröhlich sein, was für eifersüchtige Partner die Hölle ist – denn in unbedachten Momenten werden Crocus-Typen tatsächlich auch schon mal untreu. Danach klagen sie über Schwäche und eine große Anzahl von körperlichen Beschwerden, wofür Reue und Schamgefühl verantwortlich sind. Es sind kunstsinnige Naturen, trotz allen Talents bringen sie es aber nicht sehr weit, weil ihnen Unentschlossenheit und Sprunghaftigkeit im Wege stehen. Dieser Typ ist bei gutem Aussehen als Model erfolgreich oder als Sekretärin, von der keiner erwartet, dass sie auch noch tippen kann …

Seelische Hinweise
▌ Sie ist unpünktlich und unverlässlich.
▌ Spätaufsteherin.
▌ Keine Hobbys.

Körperliche Hinweise
Zähe Sekrete, vor allem der Bronchien, aber auch bei der Regelblutung, bei der das Blut zäh fadenziehend und dunkel ist.

So kommen Sie mit diesem Typ zurecht
Crocus sativus C200 wirkt ausgleichend und kann Kreativitätsschübe auslösen, bei denen es diesen Menschen gelingt, ihr Talent nachhaltiger zur Geltung zu bringen. Als Partner sollten Sie bei Gefühlsausbrüchen ausgleichend wirken. Humor ist ein geeignetes Mittel, sie bei Wutausbrüchen zu entwaffnen – wenn Sie es geschickt anstellen, wird sie beginnen zu lachen.

Cuprum metallicum (Kupfer) – der Samurai
Vorwiegend für Männer

Bei Wutanfällen reicht es Kupfer-Typen meist nicht, den anderen zu schlagen, er muss ihn auch noch beißen. Glücklicherweise kommt das im Alltag sehr selten vor, aber die Veranlagung zu

Krämpfen werden Sie an der Seite dieses Partners öfters erleben. Das hängt mit der starken Wirkung dieses Mittels auf die Skelettmuskulatur zusammen, aber auch mit der erhöhten inneren Anspannung dieses Typs, die man als permanente Kampfbereitschaft beschreiben kann. Härte und Durchsetzungsfähigkeit sind seine Markenzeichen. Asiatische Schwertkämpfer, die bei einer Konfrontation alle Muskeln anspannen und drohende Laute ausstoßen: So können Sie sich Kupfer vorstellen. Es sind Kämpfernaturen, die zu Sportarten wie Karate neigen, bei denen sie mit dem Kopf ein Stück Holz durchschlagen können. Sie vertragen in der Partnerschaft keine Kritik und können sehr schnell handgreiflich werden. Dafür sind es wunderbare Beschützer bei Angriffen von außen, hier erleben Sie die starke Schulter, an die Sie sich anlehnen können, den großen Bruder, der Sie gegen Ihre Feinde verteidigt. In der Partnerschaft selbst aber kommen Sie mit Cuprum nur zurecht, wenn Sie lernen, Konfliktpunkte zu umgehen, denn er ist in dem, was er sich vorgenommen hat, kompromisslos. Sie finden diesen Typ als Bodyguard oder Türsteher.

Seelische Hinweise
- Wenig Sinn für Humor.
- Kann seine Gefühle schlecht in Worte fassen.
- Reagiert mürrisch auf Trost und wird wütend.

- Die Meinung seiner Kumpels ist wichtiger als die des Partners.

Körperliche Hinweise
- Krämpfe in Handtellern, Waden, Fußsohlen.
- Zähneknirschen.
- Zuckungen.

So kommen Sie mit diesem Typ zurecht
Cuprum C200 kann seine Verkrampfung lösen und ein Lächeln auf sein Gesicht zaubern. Als Partner sollten sie seine Gedanken und Gefühle kennen lernen und diese achten, und Sie werden eine sehr glückliche Beziehung führen.

Ferrum metallicum (Eisen) – der Kämpfer
Vorwiegend für Männer

Wenn Spitzensportler gesucht werden, wird man bei diesen Naturen fündig: Sie sind bereit, für den Sieg bis zum Letzten zu gehen. Diese Eigenschaften zeigt das homöopathische Arzneimittelbild von Ferrum. Körperlich gesehen sind es kräftige, drahtige Naturen, die normalerweise auffallend blass sind, aber bei Anstrengung runde rote Flecken auf den Wangen bekommen. Der Kampf ist für diese Menschen das Ziel. Sie fühlen sich unwohl in einer sicheren, ereignislosen Beziehung und werden, wenn sie zu lange der Harmonie ausgesetzt sind, reizbar, bissig und bei geringstem Anlass

ärgerlich. Sie müssen gefordert werden, an ihre Grenzen gehen und die Gewaltneigung, die in ihnen schlummert, bei der Arbeit oder beim Sport ausleben können. Sie haben Sinn für Romantik und keine Hemmungen, zu sagen, was sie wollen. Sie finden diesen Typ häufig im großen Bereich des Fußballs, anfangs aktiv als Mittelstürmer, später als Trainer oder Manager.

Seelische Hinweise

- Im Sport, im Beruf, in Beziehungen geht es diesen Menschen vor allem um den Kampf und weniger um den Sieg.
- Sie lassen sich von Vorurteilen nur schwer abbringen.
- Schwache Menschen und solche, die sich stark von ihnen unterscheiden, verachten sie und können sie auch brutal behandeln.

Körperliche Hinweise

- Neigung zu Blutarmut und Blutungen.
- Bei Krankheiten gehen diese Menschen gern langsam umher, dadurch verbessern sich die Beschwerden.

So kommen Sie mit diesem Typ zurecht

Ferrum metallicum C200 ist immer dann angebracht, wenn eine Serie von Misserfolgen den Partner abgekämpft und kraftlos gemacht hat, sodass er in der Beziehung nicht mehr die Rolle einnehmen kann, die für ihn angemessen ist: eine starke Schulter bieten.

Causticum Hahnemanni („Ätzkalk", ein Ammoniumsalzgemisch)

Dieses wichtige Mittel wird unter „Die 12 Archetypen der Liebe" genauer besprochen – siehe Seite 140.

Conium maculatum (Schierling) – das Dornröschen

Vorwiegend für Frauen

Blasse Menschen, die älter aussehen, als sie sind und dabei einen Gesichtsausdruck aufsetzen wie sieben Tage Regenwetter, brauchen häufig Conium. Vorangegangen sind unweigerlich Schicksalsschläge, die aufgrund einer erhöhten Empfindsamkeit schwer verkraftet wurden und im Körper zu Gewebeverhärtungen führten. Dieses Mittel wird deshalb sehr häufig bei Tumoren angewendet. Auch in der Seele stellt man diese Verhärtungstendenz fest. Was einmal ein liebevoller, verständnisvoller Charakter war, hat sich in mittleren Jahren aufgrund der gemachten Erfahrungen abgekühlt und ist erstarrt – gerade so wie in dem Märchen, in dem die Prinzessin vergiftet wurde und in 100-jährigen Schlaf verfallen ist. Diese Menschen sind missmutig und ertragen keinen Widerspruch mehr. In einer Beziehung wird ihnen dann vorgeworfen, dass sie den Partner tyrannisieren, dass sie streitsüchtig sind und dauernd schimpfen. Sie ziehen sich zurück, gekränkt von der Lieblosigkeit der Welt, warten aber eigentlich auf den Kuss des Prinzen, der ihre Empfindungen wieder weckt. Die Verhärtungsneigung führt dazu, dass sie mit den Jahren still werden und resignieren, sich in sich selbst zurückziehen und oft verlassen werden. Sofern sie überhaupt noch in einer Beziehung leben, gehen sie in ihrem eigenen Körper auf Tauchstation, zum Beispiel, indem ihre Sehkraft nachlässt oder sie zunehmend ihre Hörfähigkeit einbüßen. Sie würden nie selbst eine Partnerschaft beenden, ziehen sich aber immer mehr zurück und lassen keinen Kontakt mehr zu. Sie finden diesen Typ als Fachkraft in Betrieben, der als tüchtig, aber etwas farblos gilt.

Seelische Hinweise
- Verstummt bei Streit.
- Neigung, Probleme so lange nicht anzugehen, bis sie einen aufgefressen haben.
- Wortkarg, wenn es um sie selbst geht.
- Aufgrund von Verletzungen und Missverständnissen kann die Sexualität völlig absterben.

Körperliche Hinweise
- Schwindel beim Hinlegen oder Umdrehen im Bett.

So kommen Sie mit diesem Typ zurecht
Conium C200 hilft diesem Typ, sich wieder zu öffnen. Durch die Liebe eines Partners können die erstarrten Gefühle wieder in Wallung kommen, die Schranken werden abgebaut, und das fröhliche und unbeschwerte Wesen kommt wieder zum Vorschein.

Dulcamara (Bittersüß) – die erste Geige
Vorwiegend für Frauen

Nach außen hin wirken Menschen mit dieser Konstitution zurückhaltend, innerhalb der Familie aber ist es für sie natürlich, gerade die ihnen am nächsten stehenden Personen zu dominieren. Mit dieser Veranlagung drohen sie früher oder später auch die beste Freundin zu verlieren, denn sie sind besitzergreifend, und man fühlt sich in ihrer Gegenwart leicht eingeengt. Es sind Menschen, die entscheiden und auch verbal den „Ton angeben" können und zweifellos Führungsqualitäten haben, weshalb sie auch im Beruf meist die Rolle des Vorgesetzten erlangen. Im privaten Bereich aber kann ihnen ihr bestimmender Ton zum Verhängnis werden. Man hat da fast das Gefühl, ohne ihren Einfluss und ihre Zustimmung kann nichts entschieden werden. Dabei sind sie sich keiner Schuld bewusst und behaupten, immer nur um das Wohl ihrer Nächsten besorgt gewesen zu sein – und tatsächlich stimmt das auch, denn es sind Menschen, die sich kümmern und eigentlich gar nicht befehlen wollen. Eine durchsetzungsfähige

Stimmlage ist ihnen angeboren. Als Partner können sie nicht begreifen, dass der andere sie überhaupt für dominant hält, sie selbst empfinden sich als weich und nachgiebig. Diesen Typ finden Sie als Hausfrau und Mutter, die das Vertrauen ihrer Kinder genießt und auch ihren Ehemann in gewisser Weise als eines ihrer Kinder empfindet.

Seelische Hinweise

- Fordert andere, selbst Nichtfamilienmitglieder, gerne auf, sich „vernünftig" anzuziehen.
- Sagt anderen offen, was sie in ihren Beziehungen falsch machen, und besteht darauf, dass jemand mit dem anderen Schluss macht, wenn sie das für angemessen hält.
- Sie kümmert sich um alles und regelt alles.

Körperliche Hinweise

- Unterkühlung durch kaltfeuchtes Wetter führt zu Wirbelsäulenschmerzen und zu Kneifen in der Nabelgegend.

So kommen Sie mit diesem Typ zurecht

Dulcamara C200 hilft diesem Persönlichkeitstyp, sich zurückzunehmen und weniger den Ton angeben zu wollen. Das kommt in einer Beziehung auch dem Partner zugute, der nun leichter auf seine Bedürfnisse zu sprechen kommen kann. Das müssen Sie auch, denn Dulcamara will immer nur das Beste für alle,

und es ist wichtig, dass Sie ihr bewusst machen, was für Sie das Beste ist.

Kalium carbonicum (Kaliumkarbonat) – der Ordnungshüter
Vorwiegend für Männer

Stellen Sie sich einen blassen, etwas verkrampften, ängstlich bemühten Menschen vor, der einem strengen Moralkodex folgt und diesen auch anderen Menschen abverlangt, und Sie haben dieses Mittelbild vor sich. Es sind hagere, etwas trockene Naturen, die sich beruflich eine Arbeitsstelle suchen, bei der sie ihre Vorliebe für klare Strukturen ausleben können. Juristen zum Beispiel, die ihre Paragraphen perfekt beherrschen, oder Menschen, die ein großes Wissen ansammeln und anderen gerne nachweisen, wo sie sich irren. Spontaneität und Sinnlichkeit sind nicht gerade ihre Stärken. Dafür sind sie wie wenige geeignet, „schwierige" Kinder zu erziehen, denn sie haben das Selbstvertrauen und die Unbeirrbarkeit, das als richtig Erkannte auch umzusetzen. Davon profitiert auch eine Partnerschaft, denn wer so einen Menschen an seiner Seite hat, zahlt seine Steuern, hat einen ordentlichen und sauberen Haushalt und immer genug Geld auf der Bank. Treue, Gewissenhaftigkeit und ein ausgeprägter Familiensinn sind die Stärken dieses Mittels. Sie finden diesen Typ in der Bürokratie, im Bankwesen oder in der Exekutive, vor allem in den unteren Rängen.

Seelische Hinweise

- Ordnungsliebend, achtet auf Sauberkeit.
- Belehrt andere, wenn sie Fehler gemacht haben, und gibt nicht eher Ruhe, bis sie sie korrigiert haben.
- Erwacht nachts, um über Regelverletzungen anderer nachzugrübeln.

Körperliche Hinweise

- Schwellung der Oberlider.
- Stechende Schmerzen.
- Magengeschwüre.

So kommen Sie mit diesem Typ zurecht

Kalium carbonicum C200 ist immer dann angebracht, wenn eine Serie von Fehlschlägen zu starker Anspannung mit Krampfneigung, hektischen Bewegungen und Schlaflosigkeit führt. Als Partner sollten Sie darauf achten, Emotionen in das Leben des anderen zu bringen: Blumen als Geschenk, eine Einladung zum Konzert, Familienfeiern sind dazu geeignet, ihn etwas „weicher" zu machen.

Kalium sulfuricum (Kaliumsulfat) – der Prediger

Vorwiegend für Männer

Dieses Mittel passt gut auf hektische Menschen, die sehr ehrgeizig sind und bestens in konservativen politischen Parteien, Staatsbetrieben oder Glaubensgemeinschaften gedeihen, also überall dort, wo eine klare Ideologie mit festen Verhaltensregeln im Vordergrund steht. Es sind ungemein fleißige, pflichtbewusste Personen, die ein riesiges Pensum abarbeiten können und in den immer höheren Positionen, die sie damit erreichen, auch durchaus die Leistung bringen, die von ihnen erwartet wird. Es ist der Typ des Predigers, der fundierte und originelle Ansprachen hält, dessen Gedanken aber mitunter so rasch aufeinander folgen, dass er stottert und wirr zu sprechen scheint. Diese Menschen suchen sich schon sehr früh einen Partner und sind meist lebenslang treu, verlässlich und durchaus bereit, auf die Bedürfnisse des anderen einzugehen – jedoch nur im Bereich der Grenzen, die ihnen die Ideologie, der sie sich verschrieben haben, setzt. Es sind Menschen, mit denen man sich etwas aufbauen kann und die Versprechen über Jahrzehnte einhalten können. Charakterschwächen sind Ungeduld, mangelndes Einfühlungsvermögen und Egoismus. Sie finden diese Typen an der Spitze von Hierarchien, denen sie oft schon als Jugendliche angehörten. Durch Fleiß und Intelligenz haben sie sich im Laufe der Jahre unentbehrlich gemacht.

Seelische Hinweise

- Ehrgeizig und zielstrebig.

- Will immer genau wissen, wie etwas funktioniert, und neigt dazu, nachzufragen.
- Spricht zu schnell und unkonzentriert und kann sich dabei durch Versprecher lächerlich machen.
- Schläft schlecht, kann aber lange mit wenig Schlaf auskommen.

Körperliche Hinweise

- Schlanke Menschen mit fahlem Teint.
- Infekte heilen schlecht, es bildet sich reichlich gelbliches Sekret.

So kommen Sie mit diesem Typ zurecht

Am besten funktioniert eine Partnerschaft, wenn Sie bodenständig sind, gerne im Schatten Ihres Partners stehen und seine Überzeugungen teilen. Kalium sulfuricum C200 hilft diesem Persönlichkeitstyp, seinen inneren Druck abzubauen und auch einmal fünf gerade sein zu lassen.

Lac caninum (Hundemilch) – das Hündchen

Vorwiegend für Frauen

Studieren Sie die Wesensmerkmale von Hunden, und Sie werden feststellen, dass es auch Menschen gibt, deren Charakter die folgenden Züge trägt: nach oben buckeln, und nach unten beißen, und das am liebsten im Rudel. In der Beziehung sind sie die liebsten und folgsamsten Menschen, solange der Partner das Heft in der Hand hat und den Ton vorgibt. Dreht sich aber das Autoritätsverhältnis um, bekommt man ihre Zähne zu spüren. Mitunter kann es viele Jahre dauern, bis das Leben so einen Wechsel erzwingt. Nehmen wir an, Sie waren bisher der Ernährer Ihrer Familie, sind jetzt aber schwer erkrankt und hilflos. Nun müssen Sie erkennen, dass der liebevolle, harmlose Partner, dieser perfekte Kumpan zum Pferdestehlen, der jahrelang als ihr bester Freund mit Ihnen Seite an Seite lebte, nun böse wird und Sie dafür zu quälen beginnt, dass Sie nicht mehr sein „Meister" sind. Wenn Sie ihn genau beobachtet hätten, wäre Ihnen aber schon längst aufgefallen, dass Ihr Partner bei Menschen, die er als unter seiner sozialen Stellung empfand, auch schon früher keine Beißhemmung kannte. Dieser Typ tritt vor allem als Ehepartner in Erscheinung, der immer an der Seite seiner besseren Hälfte klebt.

Seelische Hinweise

- Ist schroff gegenüber Menschen, die nicht zum näheren Bekanntenkreis gehören.
- Wenn der Partner Kritik anbringt, beginnt sie zu weinen, weil er „böse" ist.
- Genießt es ungemein, alleine mit dem Partner etwas Schönes zu machen.

Körperliche Hinweise
▌ Heftige Rückenschmerzen, bei denen eine Berührung der Wirbelsäule nicht ertragen wird, und die sich bessern durch Rückwärtsbeugen.

So kommen Sie mit diesem Typ zurecht
Lac caninum C200 wird sein Selbstbewusstsein stärken und ihn vermehrt Verantwortung übernehmen lassen. Als Partner sollten Sie ihn ermuntern, einen größeren Freundeskreis aufzubauen und zu pflegen, denn das wirkt stark ausgleichend auf seine Seele.

Manganum (Mangan) – die Unterdrückte
Vorwiegend für Frauen

Diese Arznei ist häufig geeignet für Frauen, die darüber klagen, wie sehr sie unterdrückt wurden und werden. Früher waren es die bösen Eltern, dann ein älterer Bruder, jetzt ist es der dominante Partner, der sie in allem einengt. Das soll erklären, warum sie dauernd mürrisch ist und jederzeit dazu bereit, eine Attacke gegen ihren übermächtigen Feind zu reiten. Diese fällt leider oft zu kraftlos aus und führt nicht zur Selbstbestimmung. Menschen, die Mangan brauchen, drohen unbehandelt lebenslang in der kindlichen Rolle des Mündels zu verharren. Sie mögen darüber grollen, aber das Gefängnis, in dem sie leben, haben sie sich selbst errichtet,

denn sie machen keinen ernsthaften Versuch einer bewussten Lebensgestaltung. Die Gewaltbereitschaft und der Mut anderer homöopathischer Metall-Typen zeigt sich hier höchstens im Spiel, wenn sie am Computer auf virtuelle Feinde ballern oder fasziniert Gruselfilme ansehen, in denen Menschen Gewalt angetan wird. Dieser Typ ist die klassische Ehefrau ohne Berufsausbildung, die früh geheiratet hat und das Gefühl hat, nirgendwo richtig dazuzugehören.

Seelische Hinweise
▌ Legt alles als Kritik aus, was nicht offensichtliches Lob ist.
▌ Wenn sie sich zurückgesetzt fühlt, beginnt sie zu schreien und mit Dingen um sich zu werfen wie ein Teenager, der sich Gehör verschaffen will.
▌ Unselbstständig.

Körperliche Hinweise
▌ Seelische Belastungen und kühle Temperaturen schlagen sich schmerzhaft auf die Ohren, worauf langfristig häufig Schwerhörigkeit resultiert.

So kommen Sie mit diesem Typ zurecht
Manganum C200 kann diesen Menschen helfen, ihre wahren Bedürfnisse zu finden und auch nach außen hin zu leben. Konstantes Lob trägt dazu bei, dass sich dieser Persönlichkeitstyp aus eigener Kraft entwickelt und

zunehmend Verantwortung übernehmen kann.

Natrium sulfuricum (Natriumsulfat) – der Wichtige
Vorwiegend für Männer

Nicht nur im süddeutschen Raum trifft
man an Stammtischen gern redselige
Männer mit bläulich-roten Nasen, rundem Kopf, rundem Bauch und kernigem
Charakter. Da haben Sie dieses Mittel
sprichwörtlich vor sich sitzen. Es sind
Menschen, die sich wichtig nehmen,
gern widersprechen, die eigenen
Fähigkeiten leicht überschätzen und
geneigt sind, andere Meinungen zu
unterdrücken, und sei es mit Gewalt.
Auf der positiven Seite sind es arbeitsame, tüchtige Menschen, die es im Leben
zu etwas bringen und die durchaus
Charme und Verlässlichkeit in Beziehungen einbringen. Körperlich weniger attraktiv, bescheiden und schmuck-
los gekleidet, neigen sie zu langen,
fruchtbaren Beziehungen, in denen sie
den Ton angeben. Einen schwachen
Partner können sie allerdings nicht
ertragen, der hat es dann schwer, wenn
er seine Leistung nicht bringt, denn die
Arbeit und der gute Ruf, den man sich
mit dieser Arbeit erwirbt, gehören zu
den wichtigsten Dingen im Leben von
Natrium sulfuricum. Sie finden diesen
Typ als tüchtige Kleinunternehmer, beispielsweise als Bäcker oder Leiter einer
Fahrschule.

Seelische Hinweise
▮ Glaubt, die Wahrheit mit Löffeln
gefressen zu haben.
▮ Ist stolz auf seine Leistungen.
▮ Neigt zu Ungeduld.
▮ Wenn es um Gefühle geht, ist er ein
großer Schweiger.

Körperliche Hinweise
▮ Blähungen, wechselnde Stühle.
▮ Neigung zu Asthma, vor allem bei
kaltfeuchtem Wetter.

So kommen Sie mit diesem Typ zurecht
Natrium sulfuricum C200 hilft ihm,
ruhig und beständig an der Lösung seiner Probleme zu arbeiten. Als Partner
haben Sie einen tüchtigen, einfallsrei-
chen Menschen an Ihrer Seite, den Sie
nach Kräften beruflich unterstützen
sollten, denn sein Betrieb ist sein Leben.
Bestehen Sie aber auch auf regelmäßigen gemeinsamen Freizeitaktivitäten,
damit die Beziehung nicht zu kurz
kommt.

Sepia
Dieses wichtige Mittel wird unter
„Die 12 Archetypen der Liebe" genauer
besprochen – siehe Seite 136.

Sulfur
Dieses wichtige Mittel wird unter
„Die 12 Archetypen der Liebe" genauer
besprochen – siehe Seite 142.

3. Gruppe: 141–159 Punkte

Wenn Sie sich in dieser Gruppe befinden, können Sie keinem homöopathischen Mittel mit Sicherheit zugeordnet werden. Das kann daran liegen, dass Ihr Charakter so „rund" geworden ist und Sie so sehr in Ihrer „Mitte" sind, dass Sie bestens geeignet sind, Krankheiten abzuwehren. Auch im Bereich Liebe und Beziehung bleibt Ihnen viel Gestaltungsspielraum. Sie haben jene Souveränität, die man bei den anderen Arzneimittelbildern vermisst und mit homöopathischer Therapie zu erreichen versucht. Es könnte allerdings auch sein, dass Sie beim Ausfüllen des Tests so clever waren, sich punktemäßig automatisch in die goldene Mitte zu spielen. Ob das Ergebnis dann aber auch stimmt, das müssen Sie selbst entscheiden. Von dieser Seite gibt es hier keine Empfehlungen.

4. Gruppe: 106–140 Punkte

In dieser Gruppe finden sich die häufigsten in einer Homöopathiepraxis verwendeten Mittel. Während Vertreter der beiden ersten Rubriken prinzipiell nicht gern zum Therapeuten gehen und die der dritten Rubrik es nicht nötig haben, sind die in dieser Kategorie versammelten Typen durchaus willens, bei Erkrankungen Hilfe zu suchen. Während die „Machos" der ersten Rubrik der Auffassung sind, „Was von selbst gekommen ist, muss auch wieder von selbst vergehen", haben die „Softies" dieser Gruppe erkannt, dass unter anderem Prävention das Geheimnis eines längeren Lebens ist. So kommt es, dass sich hier Menschen finden, die um ihre Gesundheit besorgt sind. Sie sind feinfühliger und empfindsamer als die Typen der beiden ersten Rubriken und reagieren daher auch besser auf die sanften Reize homöopathischer Mittel.

Acidum sulfuricum (Schwefelsäure) – der Gehetzte
Vorwiegend für Männer

Dieses Mittel ist die abgeschwächte Form eines Sulfur-Typs (siehe Seite 142), der einfallsreich, strebsam und etwas selbstverliebt sein Leben begonnen und sich nach vielen Jahren aufgrund von Misserfolgen erschöpft hat. Er wirkt zwar immer noch wie getrieben, dazu gesellt sich jedoch nun die Angst, seine Aufgaben nicht mehr zu schaffen, nichts mehr zu Ende bringen zu können, und deshalb ist er gehetzter denn je. Wenn man mit ihm spricht, sitzt er wie auf

Abruf da und kann es kaum erwarten, dass man verstummt. Seine Augen weichen dem Blick aus, er klopft mit den Fingern auf den Tisch oder unterbricht dauernd mit „Ja, ja, ja", um einen anzutreiben, und hört nur halb zu. Ein Partner kommt in diesem Zustand nur noch in der Peripherie vor. Man kann jedoch Acidum sulfuricum nicht böse sein, denn er beabsichtigt nur das Gute. Allerdings vereitelt er das häufig, weil er durch seine Hast und seine Flüchtigkeit nur wenig Sinnvolles zustande bringt. Man findet diesen Typ als Unternehmer, der schon zigmal am Konkurs vorbeigeschrammt ist, aber für seinen Betrieb lebt und weiterarbeitet, auch wenn es sich gar nicht mehr lohnt.

Seelische Hinweise

- Rastloses Arbeiten fast ohne Ergebnisse und fast eher zum Schaden für die Firma.
- Allgemeine Gefühlsarmut, vor allem, was die Gefühle und das Schicksal seiner nächsten Mitmenschen betrifft.

Körperliche Hinweise

- Innerliches Zittern.
- Geruch von Kaffee ist ihm unangenehm.

So kommen Sie mit diesem Typ zurecht

Acidum sulfuricum C200 verhilft diesem Persönlichkeitstyp zur Verlangsamung und zu mehr Gefühlen. Bieten Sie ihm im Urlaub die ungewohnte Situation, dass er keine Aufgaben mehr erfüllen und keine Ziele erreichen muss: Wandern, Segeln, Reiten, irgendetwas, das ihn zur Ruhe bringt und den Körper schön müde macht.

Bryonia alba (Weiße Zaunrübe) – der Pantoffelheld
Vorwiegend für Männer

Wenn Patienten in die Praxis kommen und dabei dauernd nur über ihr Geschäft reden, sollte man an Bryonia denken. Geschäftstüchtig sind sie und fleißig, sie bleiben sachlich und sagen kein Wort zu viel. Es sind Menschen, die aus einer gewissen Empfindlichkeit heraus eine offene Auseinandersetzung scheuen. Das hat in der Partnerschaft zur Folge, dass sie sich dominieren lassen und dabei zu kurz kommen und auch ihre Rolle als Ehepartner oder Elternteil nicht optimal ausfüllen können, weil sie es nicht wagen, hier eigene Akzente einzubringen. Es sind empfindsame Menschen, die als Partner loyal und willig über viele Jahre einen gemeinsamen Weg mitgehen können, dabei aber darauf achten müssen, nicht duckmäuserisch zu werden. Sonst kann sich hier ein Pantoffelheld entwickeln, der zu Hause auf dem Sofa geparkt wird, weil er nichts zu melden hat. Im Laufe der Jahre gehen diese Menschen dann in die innere Emigration und konzentrieren sich völlig auf ihre Arbeit, die zu ihrem alleinigen Lebensinhalt geworden ist, selbst wenn sie nur eine untergeordnete Rolle in einem Betrieb innehaben. Schicksalsschläge können zum völligen Zusammenbruch führen, bei dem sie bewegungslos daliegen und kein Glied mehr rühren (wollen), eine Form der Schreckstarre. Sie finden diesen Typ als Angestellten in einer Firma mittlerer Größe oder als Versicherungsvertreter.

Seelische Hinweise

- Sagt, dass er keine Hilfe braucht, obwohl das nicht stimmt.
- Möchte bei Problemen nur in Ruhe gelassen werden, verharrt dabei in einer Schreckstarre und ist unfähig, Lösungen zu überlegen.

Körperliche Hinweise

- Stechende Schmerzen, die sich bei Druck bessern.
- Extremer Durst nach kaltem Wasser.
- Gelenkschmerzen, die jede Bewegung verhindern.

So kommen Sie mit diesem Typ zurecht

Bryonia alba C200 schenkt gerade in Krisenzeiten, in denen sich dieser Persönlichkeitstyp als völlig hilflos empfindet und unbeweglich in Ratlosigkeit verharrt, die Kraft, Probleme zu lösen und einen neuen Weg zu gehen. Für den Partner ist es wichtig, gemeinsame Freizeitaktivitäten zu planen, bei denen Bewegung in freier Natur eine Rolle spielt, zum Beispiel Federball, Boccia oder Golf.

Calcium phosphoricum (Calciumphosphat) – die Liebessehnsüchtige
Vorwiegend für Frauen

Sportliche, schlanke Menschen, meist mit heller Haut und heller Haarfarbe, mit weichen, angenehmen Gesichtszügen und Augen, die oben leicht von Schlupflidern bedrängt werden, lassen an dieses Mittel denken. Es sind liebevolle Mütter, die beruflich wenig Ambitionen haben. Sie haben in der Regel einen starken Partner, der sich um alles Wichtige kümmert, und eigentlich müssen sie nur gut aussehen und lächeln. Wenn sie älter werden, werden sie rundlicher, und es tritt die Neigung auf, depressiv zu werden. Sie werden sich bewusst, dass sie ihre Talente nicht ausgelebt haben und werfen sich vor, aus sich nichts gemacht zu haben und zu träge gewesen zu sein, immer zu sehr abgelenkt oder immer nur für andere da. Zuerst mussten sie die Kinder aufziehen, und sobald die aus dem Haus waren, mussten Eltern und Schwiegereltern gepflegt werden. Am liebsten wären sie dann wieder jung und begehrenswert und würden „die große Liebe" leben, für die sie eigentlich geschaffen sind. Man findet diesen Typ als Hausfrau, die sich gerne der Kindererziehung widmet und beruflich nur etwas „Nettes" machen möchte, zum Beispiel in einem Blumenladen aushelfen oder die Mittagsbetreuung in einer Grundschule übernehmen.

Seelische Hinweise

- Sehnsüchte nach einem schöneren, reicheren Lebens.
- Fernweh und Heimweh.
- Bedürfnis nach Schutz und Sicherheit.

Körperliche Hinweise

- Einschlafen der Arme.
- Karpaltunnelsyndrom.
- Leichtes Erröten.

So kommen Sie mit diesem Typ zurecht

Für diese Menschen ist Sport das Lebenselixier, deshalb sollten Sie unbedingt mindestens einmal wöchentlich einen festen Termin haben, zum Beispiel Tennis mit Freunden. Calcium phosphoricum C200 wirkt ausgleichend auf die Psyche, der Partner wird weniger launisch und fordernd auftreten, weil er mit sich mehr im Reinen ist.

Cannabis indica (Indischer Hanf) – der Lebenskünstler

Vorwiegend für Männer

Die Erdanziehungskraft ist viel zu stark für diese Menschen, sie hindert sie am Fliegen, denn eigentlich wollen sie nur zur Sonne und zum Licht hinstreben, schweben und frei sein. Arbeiten, sich behaupten, seinen Mann stehen? O je, bloß nicht! Lieber ewiger Student und den Eltern bis ultimo auf der Tasche liegen! Lieber unter Brücken schlafen, als morgens aufstehen und ins Büro gehen. Bürokratie, Bürgertum, Beruf, das sind die drei bösen B, und in Bezug auf die Liebe gilt: Wer dreimal mit der Gleichen pennt, gehört schon zum Establishment. Peace, sagen diese Leute gerne, und tragen Batikhemden und lange Haare und hängen eben rum, weil die Erde ein großes Problem hat: Die Schwerkraft eben. Von dieser Macke abgesehen, sind es feinfühlige Menschen mit Sinn für Schönheit, Ästhetik und einfallsreiche Erotik und der Fähigkeit, zärtlich zu sein. Es sind Lebenskünstler, die dann auch in kreativen Bereichen Leistungen erbringen, die über das übliche Maß hinausgehen. Auch als Partner haben sie Stärken. Sie werden von ihnen kein grobes Wort hören, keine Forderungen und keine Verurteilungen, selbst wenn Sie egoistisch reagiert haben. Allerdings nehmen sie für sich das Recht auf Selbstbestimmtheit in Anspruch, was gut passt, solange Sie ebenfalls selbstständig sind und im Partner keinen Fels in der Brandung suchen. Denn schon morgen kann das Nest leer sein, und der schöne Vogel ist davongeflogen. Sie finden diesen Typ als Künstler oder Esoteriker, der versucht, von seiner Berufung zu leben.

Seelische Hinweise

▌ Alles, was leicht ist, gefällt ihm.

▌ Er hasst Regeln und empfindet Freude dabei, Regeln zu übertreten.

▌ Er möchte, dass der Partner locker ist, selbst wenn er ihm dazu etwas ins Getränk mischen oder ihn zum Rauchen irgendeiner Droge überreden muss.

Körperliche Hinweise

▌ Geschwätzigkeit.

▌ Kopfschmerzen, als öffne sich der Schädel.

▌ Die Empfindung, den Körper zu verlassen.

So kommen Sie mit diesem Typ zurecht

Cannabis indica C200 hilft besonders in Krisenzeiten, in denen Selbstzweifel und das Gefühl, ein schweres Gewicht drücke einen zu Boden, diesen Persönlichkeitstyp mutlos machen. Als Partner sollten sie sich die Freiheit, die er vorlebt, ebenfalls zugestehen. Sie werden sehen, dass man damit auch ganz angenehm durchs Leben kommt …

Carbo vegetabilis (Holzkohle) – der Erschöpfte

Vorwiegend für Männer

Diese Menschen sind fast immer schlapp, träge und lustlos, was sie zu geborenen Spielverderbern macht. Wer sich mit ihnen auf eine Beziehung einlässt, wird nur noch selten ausgehen und nur noch wenig erleben. Carbovegetabilis-Partner finden immer ein Argument, um etwas nicht zu tun. Oft machen sich auch gar nicht die Mühe, die Bedürfnisse eines anderen Menschen zu verstehen – oder sie sind schlicht unfähig. Ihre Passivität ist eine Kombination aus Unverständnis und Faulheit. Mit fortschreitendem Lebensalter werden sie depressiv und ängstlich. Das geringste Ereignis kann sie erschreckt zusammenfahren lassen. Positiv gesehen sind sie bescheiden, demütig und anspruchslos gegenüber dem Leben und dem Partner. So kann ihnen wegen ihrer Sparsamkeit und Bedachtsamkeit oft eine jahrzehntelange Partnerschaft gelingen, schon weil sie den anderen nicht (über)fordern: Sie essen, was man ihnen vorsetzt, und finden sich mit der Wahl des Fernsehprogramms widerspruchslos ab. Man findet diesen Typ im Rentenalter. Verbraucht von jahrzehntelanger, stumpfer Arbeit, ist er unfähig, noch ein erfülltes Leben zu führen.

Seelische Hinweise

▌ Wortkarg, spricht nicht gern über Gefühle.

▌ Neigt dazu, Probleme auszusitzen.

▌ Wenig Eigeninitiative, bleibt am liebsten zu Hause und sieht fern.

Körperliche Hinweise

▌ Spitzes, blasses Gesicht.

▌ Reichlich Blähungen.

So kommen Sie mit diesem Typ zurecht
Carbo vegetabilis C200 erhöht die körperliche Kraft und die seelische Belastbarkeit, wodurch diese Menschen wieder richtig unternehmungslustig werden können. Als Partner sollte man die Energiereserven des anderen mobilisieren und stabilisieren durch Licht, Luft, Sonne, jeden Tag einen kleinen Spaziergang und einmal jährlich eine Kneipp-Kur.

Coffea cruda (Kaffeebohne) – die Perle
Vorwiegend für Frauen

Hier sehen wir eifrige, arbeitsame Menschen, die eine Nacht durcharbeiten können, um vielleicht am nächsten Tag von ihrem Chef ein kleines Lob zu bekommen, das sie total glücklich macht. Begeisterungsfähig, kreativ und immer produktiv, schafft es Coffea, seine Angst, ungeliebt und ungewollt zu sein, in Schach zu halten. Es sind die besten Mitarbeiter, die sich ein Betrieb wünschen kann, denn sie sind gewissenhaft und bedauern Fehler oder Missgeschicke aufrichtig. Das einzige Laster, das sie haben, ist der Genuss von Kaffee in rauen Mengen, ein Symptom, das man als unbewussten Versuch der Selbsttherapie auffassen kann. Doch die Dosis ist viel zu hoch und kann sie nicht heilen, sie werden dadurch nur noch geschäftiger. Der Charakter ist mild, lieb und rücksichtsvoll, weshalb die Gefahr besteht, dass sie in Beziehungen an Menschen geraten, die ihre Gutmütigkeit ausnutzen. Sie finden diesen Typ in Großraumbüros, wo sie die Fleißigsten und Talentiertesten sind.

Seelische Hinweise
- Schnell und präzise beim Reden und Handeln.
- Lacht gerne und laut.
- Immer etwas unruhig, wie auf dem Sprung.

Körperliche Hinweise
- Kopfweh.
- Nervöse Schlaflosigkeit.

So kommen Sie mit diesem Typ zurecht
Coffea C200 hat eine Wirkung, die der einer Tasse Kaffee entgegengesetzt ist. Es kommt zu innerlichen Beruhigung und Gelassenheit. Für den Partner ist es wichtig, dem Coffea-Typ in regelmäßigen Abständen Liebenswürdigkeiten zu sagen, die hier Wunder wirken.

Ignatia amara (Ignazbohne) – die Geschmackvolle
Vorwiegend für Frauen

Abbildungen in Homöopathiebüchern zum Arzneimittelbild Ignatia zeigen schlanke, schick gekleidete Frauen mit gefühlvollem Gesichtsausdruck, und so sind tatsächlich die meisten Menschen, die dieses Mittel brauchen: adrette Frauen, die still und seelenvoll seufzen, und dann schnell wieder lächeln und etwas anderes erzählen. Wenn Frauen, die Ignatia brauchen, verletzt sind, kann man nicht konstruktiv und strukturiert mit ihnen sprechen. Sie sind völlig von ihrem Gefühl erfasst, wollen einerseits Zuspruch, andererseits lehnen sie ihn ab. Launisches Verhalten, stumpfes Brüten, das sind die Verhaltensweisen einer Ignatia, die in Liebesdingen verletzt und gekränkt wurde. Ihre große Empfindsamkeit macht es ihr schwer, einen Angriff auf ihre Ehre als Liebende zu überwinden. Ihr Partner, der meistens die Ursache des Aufruhrs ist, kann hier auch eine empörte, vor Zorn bebende Frau erleben, die ihre Wut herausschreit oder vor Enttäuschung bitterlich weint – nicht zuletzt, weil ihr Schwierigkeiten in der Partnerschaft zeigen, dass sie schwach und verletzlich ist und nicht alles im Griff hat. Von diesen Ausnahmesituationen abgesehen, ist sie ein Profi, liefert Qualität und ist ruhig und ausgeglichen. Im Umgang mit Menschen zeigt sie diplomatisches Geschick und versteht es, dem Leben Schönheit abzugewinnen – in der eigenen Aufmachung, in der Wohnung und selbst in der Ausstattung des Partners, den sie liebend gern einkleidet. Sie finden diesen Typ in Berufen, in denen Aussehen und guter Geschmack zählen, zum Beispiel als Innenarchitektin, Designerin, Kunstmalerin.

Seelische Hinweise

- Nicht was gesagt wird, sondern wie es gesagt wird, hat für sie Bedeutung.
- Starkes Gefühl von Würde.
- Sie macht bei Zorn etwas kaputt, aber nicht aus Zerstörungswut, sondern um den Partner aus der Reserve zu locken – sozusagen ein Opfer, das sie den Göttern bringt.

Körperliche Hinweise

- Tiefes Luftholen verbessert Beschwerden.
- Kopfweh, als würde sich ein Nagel durch die Schläfe bohren.

So kommen Sie mit diesem Typ zurecht

Ignatia C200 hilft ihr, Enttäuschungen schnell zu überwinden, und kann vor allem eine Erstarrung auflösen. Nach einigen Tagen der Trauer und Tränen tritt Heilung ein mit fröhlichen Gedanken und dem Wunsch, sich ein „bisschen zu verwöhnen". Als Partner können sie diese Stimmung durch häufige Liebesbeweise fördern, die bei diesem Konstitutionsmittel stets sehr gut ankommen. Am besten nehmen Sie sich täglich vor, Igantia was Liebes zu tun – Aufmerksamkeiten sind für Ignatia Lebenselixier.

Kalium bromatum (Kaliumbromid) – die Fromme
Vorwiegend für Frauen

Man findet Menschen, die dieses Mittel brauchen, in sehr konservativen Strukturen, meist auf dem Lande in sehr religiösen Gegenden. Gott ist von Anfang an im Spiel als natürliches Gegenüber, mit dem ein menschlicher Partner nicht konkurrieren kann. Es sind Menschen, die von ihrem Weltbild meist keinen Fingerbreit abweichen, keine Ausnahmen machen und menschliche Handlungen in „gute" und „böse" einteilen. Ein hartes Brot sind diese Menschen jedoch nur für einen spontanen Partner, der sich als Persönlichkeit noch entwickelt und es vielleicht sogar als ein Qualitätszeichen ansieht, Meinungen und Vorlieben von gestern heute zu revidieren. Solche Gedankengänge sind für den Kalium-bromatum-Typ völlig fremd. Egal, wo er sich hinbewegt, Gott war schon vorher da und hat die Regeln des Spiels festgelegt. Für Menschen, die Halt brauchen und viel auf Moral geben, ist Kalium bromatum der ideale Partner, denn Treue und Prinzipienfestigkeit sind seine großen Stärken. Sie finden diesen Typ vor allem in Kleinstädten mit einer straffen sozialen Struktur als eifrige Kirchgängerin.

Seelische Hinweise
▪ Betet gern und spricht auch gern darüber.

▪ Bedürfnisse drückt sie nur indirekt aus. Wenn sie sagt: „Mir tun die Hände weh", dann meint sie: Ich habe eigentlich keine Lust mehr, überall mit anzupacken, aber da Gott es so will, muss ich es eben tun.

Körperliche Hinweise
▪ Auffallendes Nachlassen der Sinne mit dem Altern.
▪ Stottern.

So kommen Sie mit diesem Typ zurecht
In Krisenzeiten und bei Enttäuschungen hilft Kalium bromatum C200, das Gottvertrauen zu stärken und weiter konsequent den Weg durch alle Unbill zu gehen. Für den Partner ist es wichtig, diesen seelischen Grundton des anderen anzunehmen und mit Achtung zu behandeln.

Kalium phosphoricum (Kaliumphosphat) – die Disziplinierte
Vorwiegend für Frauen

Gefühlvolle Menschen mit einem klaren moralischen Kompass haben eine Achillesferse: Als Mütter ungestümer Kinder gehen sie langsam kaputt. Man sieht, wie sie abnehmen, bleich und schlaflos werden und so reizbar, dass man sie gar nicht mehr wiedererkennt. Dann schreien sie hilflos und vergessen alle Qualitäten, die man sonst an ihnen schätzt: Disziplin, ein gepflegtes Haus und dass alles, was sie sich vornehmen, klappt wie am Schnürchen. Es sind hübsche Frauen mit Haltung und Stil, die ihren Haushalt wie einen Vorzeigebetrieb führen und deshalb verzweifeln, wenn ihre Kinder nicht gehorchen, den schönen Schein torpedieren und sie dadurch mit Arbeit überhäufen. Im Beruf ist sie die schneidige, zielgerichtete Expertin, die anderen zeigt, in welche Richtung es geht, und durch ihre qualitätvolle Arbeit keinen Neid auf sich zieht. Als Partnerin gibt sie immer ein gutes Bild ab, sorgt aber auch dafür, dass man sich selbst nicht gehen lässt, was sie mitunter als Nörglerin wirken lässt. Man wirft ihr zu Unrecht Kälte vor: Sie will für alle immer nur das Beste und kann es auch erklären. Man findet diesen Typ auch als tüchtige und engagierte Grundschullehrerin, die durch Strenge und Konsequenz auffällt.

Seelische Hinweise

■ Sie erfüllt ihre Aufgaben genau und nach einem vorgegebenen Schema, das sie abarbeitet.
■ Viele Zettel mit Aufgaben oder ein sauber geführter Terminblock.
■ Sie mag nichts Spontanes oder Unordentliches.

Körperliche Hinweise

■ Fauliger Geruch der Ausscheidungen.
■ Abgekämpftes Aussehen.
■ Durchschlafschwierigkeiten.

So kommen Sie mit diesem Typ zurecht

Bei Schlaflosigkeit aufgrund vieler Sorgen und immer dann, wenn sich ein „Tunnelblick" ausbildet, hilft Kalium phosphoricum C200, gelassener und nachsichtiger zu werden. Als Partner helfen Sie am besten, indem Sie vermehrt Aufgaben in der Partnerschaft übernehmen, um den Anforderungsdruck zu mildern.

Magnesium carbonicum (Magnesiumkarbonat) – das Waisenkind

Vorwiegend für Frauen

Das Grundgefühl dieser Menschen ist, nicht den Schutz zu bekommen, den sie brauchen. Das Mittel wird häufig bei Panikattacken gebraucht, denn Angst und fehlende Fürsorge determinieren Magnesium-carbonicum-Typen. Sie fühlen sich ungeliebt und ungewollt, wie Kinder, die die Mutter gar nicht haben wollte. Sie sprechen sanft mit einer kindlichen Stimme, und wenn sie sich wohl und geborgen fühlen, spielen sie dem Partner ein kleines, liebes Kind vor. Sie träumen viel und berichten lebhaft von ihren Träumen, auch wenn deren Inhalte unspektakulär sind. Leben heißt für sie Partnersuche und den Partner zu halten, dazwischen gibt es nichts. Sie wollen einen Partner, der sich um alles kümmert und an den sie sich anlehnen können. Haben sie jemanden gefunden, wächst die Gefahr, dass sich der andere bald zurückzieht, denn er will ja nicht mit einem hilflosen Kind seine Zeit verbringen, sondern mit jemandem, der nicht nur nehmen, sondern auch geben kann. Man findet diesen Typ als Hausfrau und Mutter, die nebenher noch Teilzeit arbeitet und alles ruhig und scheinbar bedürfnislos erledigt.

Seelische Hinweise
- Pflichtbewusst, fleißig und tüchtig.
- Wirkt mit einem passenden Partner an der Seite völlig „normal".
- Wird bei Einsamkeit depressiv.
- Nüchtern und konsequent im Umgang, auch in der Liebe eher sachlich.

Körperliche Hinweise
Die Monatsblutung fließt nur nachts oder im Liegen.

So kommen Sie mit diesem Typ zurecht
Magnesium carbonicum C200 hilft diesen Menschen, stärker und eigenständiger im Leben zu stehen. Sie verlieren jedoch nie die Sehnsucht, bemuttert werden zu wollen. Der Partner sollte damit umgehen können und sie umsorgen.

Medorrhinum (Trippernosode) – der Traumtänzer
Vorwiegend für Männer

Diesem unsteten, ängstlichen Typ fällt es sehr schwer, konsequent an einer Karriere zu arbeiten. Daher findet man ihn häufig in Berufen, für die man keine oder nur eine kurze Ausbildung braucht. Da diese Menschen gesellig sind, trifft man Medorrhinum-Typen auffallend häufig in der Rolle des Gastwirts oder Würstchenbudenbesitzer an. In seltenen Fällen sind sie erfolgreich in einem künstlerischen Beruf, als Komiker oder Designer. Sie trinken gern mit ihren Gästen mit, weil das ihre Ängste dämpft, sind dann lustig und auch oft etwas ausfallend. Sie sind immer dabei, wenn es um Lebenslust geht – gut essen und trinken, tanzen, feiern. Dazwischen verfallen sie in Depressionen. Ortswechsel sind häufig, am besten gefällt es ihnen am Meer, obwohl sie dort ein eigenartiges Symptom aufweisen: Beim Schwimmen im tiefen Wasser entwickeln sie starke Ängste. Im gesunden Zustand sind es lustige, angenehme Partner, die einen mit originellen Einfällen überraschen und Sinn für Romantik und die schönen Dinge des Lebens haben. Allerdings sind sie oft nicht sehr verlässlich und können nur selten selbstständig eine Familie ernähren. Sie finden diesen Typ vor allem im Gaststättenbereich, wo er sich schon als Jugendlicher gern aufhält und davon träumt, später mal selbst als Besitzer hinter der Theke zu stehen.

Seelische Hinweise

▌ Legt großen Wert auf Sex und findet es schwer, treu zu sein.

▌ Freut sich ehrlich mit, wenn seine Überraschung Anklang gefunden hat.

Körperliche Hinweise

▌ Vorzeitige Glatzenbildung.

▌ Neigung zu Hautunreinheiten und chronischer Nasennebenhöhlenentzündung.

So kommen Sie mit diesem Typ zurecht

Medorrhinum C200 mildert die Rastlosigkeit und lässt diesen Persönlichkeitstyp ruhig und beständig an Problemlösungen arbeiten. Auch in einer Beziehung kann er sich besser den Anforderungen des Alltags stellen und zum Beispiel im Haushalt oder bei der Erziehung von Kindern Aufgaben übernehmen, weil das „traumtänzerische" Element abgemildert wird. Als Partner müssen Sie in der Beziehung den starken, unbeirrbaren Part abgeben, der den anderen wieder auf den Boden der Realität zurückholt.

Naja (Kobra) – die Pessimistin
Vorwiegend für Frauen

Hier haben wir den „Berufspessimisten", den angstvollen Zweifler und Grübler. Unter den Schlangengiften gehört Naja aus homöopathischer Sicht zu den ausgeglicheneren und verantwortungsbewussteren Menschen, die einen gewissen Adel in ihrem Benehmen aufweisen und Themen wie Gewalt und Eifersucht stark in den Hintergrund gedrängt haben. Und doch sehen sie, wie das bei den meisten tierischen Mitteln ist, das Leben vor allem als Überlebenskampf und können dabei rasch verzweifeln. Überall drohen Gefahren, überall passiert Gewalt, und wenn sich ein Mensch sehr stark mit diesen Fragen beschäftigt, könnte er aus der Arznei Naja Gewinn ziehen. Der Partner wundert sich, warum die andere dauernd bedrückt ist, obwohl es doch derzeit gar keine ernsthaften Probleme in ihrem Leben gibt. Er wundert sich, warum der andere schon durch geringe Missstimmungen in Niedergeschlagenheit und Grübeln verfällt und immer das Schlimmste befürchtet. Furcht vor dem Unglück zieht sich wie ein roter Faden durch das Leben dieser Menschen, und da ist leider nur selten Platz für Freude oder Leichtigkeit. Man findet diesen Typ im Büro als geschätzte Fachkraft, die aber häufig eine sorgenvolle Miene aufsetzt.

Seelische Hinweise

- Klagt lautstark, denn es wird ihr alles zu schwer.
- Sorgenvolle Miene, wenn ihr Menschen etwas erzählen.
- Sieht in allem nur die Gefahren und nicht die Chancen.
- Wenn die nächsten Angehörigen ernsthafte Schwierigkeiten haben, kann das bei ihr zu einer Depression führen.

Körperliche Hinweise

- Schmerz im linken Eierstock, der bis zum Herzen ausstrahlt.
- Auch das Liegen auf der linken Körperhälfte, der Herzseite, ist unangenehm.

So kommen Sie mit diesem Typ zurecht

Verständnis und Fürsorge sind aus partnerschaftlicher Sicht die wichtigsten Aufgaben. Wie bei allen Schlangengiften können Sinnlichkeit und Schönheit die Stimmung aufhellen. Blumen, galante Diners oder ein hübsches Kleid haben großen Anteil daran, die Romantik in der Beziehung aufrechtzuerhalten. Naja C200 hilft dabei, die tiefhängenden Wolken der zahlreichen Bedenken und Befürchtungen zu vertreiben.

Natrium muriaticum

Dieses wichtige Mittel wird unter „Die 12 Archetypen der Liebe" genauer besprochen – siehe Seite 120.

Phosphorus

Dieses wichtige Mittel wird unter „Die 12 Archetypen der Liebe" genauer besprochen – siehe Seite 122.

Rhus toxicodendron (Giftsumach) – der Verspannte

Vorwiegend für Männer

Meistens sind es blasse Naturen, die Schwierigkeiten haben, ihre Gefühle zu äußern. Sie wollen es allen recht machen und verspannen dabei ihren Rücken bis hin zum Bandscheibenvorfall. Als Ausweg flüchten sie sich in körperliche Unruhe oder eine rastlose Tätigkeit und haben den Wunsch, immer wieder ins Freie zu gehen, um einen raschen Spaziergang zu machen. Freiheitshunger wird zur dominanten Empfindung, aber zugleich finden diese Menschen genug Gründe, um alles so zu belassen, wie es ist, so unerträglich es auch sein mag. Die Verspannung hat ihre Ursache auch in Angst vor körperlicher Gewalt und Verletzung durch einen unberechenbaren Partner, der befriedet werden muss. Die eigenen Wünsche und Interessen kommen dabei aber leider oft zu kurz. Man findet diesen Typ in Büros, wo sie ängstlich bemüht sind, launische Vorgesetzte bei Stimmung zu halten.

Seelische Hinweis

- Sie wirken ruhig und zurückgenommen bis zur Unbeweglichkeit und sind doch innerlich auf 180.
- Bewegung erleichtert – ein schneller Spaziergang wirkt Wunder.

Körperliche Hinweise

- Bläschenausschläge.
- Beschwerden durch Kälte und Feuchtigkeit.
- Rotes Dreieck an der Zungenspitze.

So kommen Sie mit diesem Typ zurecht

Sie haben es als Partner in der Hand, diese Konstitution zu heilen, indem Sie dem anderen seine Freiheit lassen und liebevolle Umgangsformen pflegen. Rhus toxicodendron C200 mildert die Unruhe und den Wunsch, allem zu entfliehen, und verhilft zu der Ruhe, in der Probleme auch gelöst werden können.

Silicea

Dieses wichtige Mittel wird unter „Die 12 Archetypen der Liebe" genauer besprochen – siehe Seite 130.

Staphysagria

Dieses wichtige Mittel wird unter „Die 12 Archetypen der Liebe" genauer besprochen – siehe Seite 128.

Thuja occidentalis

Dieses wichtige Mittel wird unter „Die 12 Archetypen der Liebe" genauer besprochen – siehe Seite 126.

5. Gruppe: 50–105 Punkte

Hier sind wir wieder in einer Kategorie, in die keiner gerne gehört. Wer möchte sich schon selbst als jemanden einordnen, der dauernd Hilfe durch einen Stärkeren braucht? Wir leben in einer Ellenbogengesellschaft, in der der „Weiche" und „Schwache" schnell untergeht und zum Opfer wird, und das von Kindheit an. Instinktiv geraten die Menschen dieser Kategorie häufig an Partner, die geeignet sind, die unangenehmen Erfahrungen aus der Kindheit erneut heraufzubeschwören. Vielleicht steckt dahinter auch der Versuch, endlich zu der Person heranzureifen, die eigentlich in ihnen steckt? Aus homöopathischer Sicht können die folgenden Mittel einen Beitrag zu mehr Selbstbewusstsein und Selbstvertrauen leisten.

Aconitum napellus (Sturmhut) – der Geschockte
Vorwiegend für Männer

Hier haben wir ein weiteres Mittel bei Panikstörungen. Angst ist ein großes Beziehungshindernis und Gift für die Liebe, sie legt sich als Last auch auf den Partner, dem es immer schwerer fällt, auf diese Empfindungen, die ihm fremd sind, einzugehen. Leider kann der Aconitum-Typ nicht anders, er hat in den meisten Fällen einen Schock erlitten, den er nun wieder und wieder nacherleben muss, weil er zu groß war. Menschen, die am Ende des zweiten Weltkriegs den Tod lieber Menschen miterleben mussten, haben diesen Konstitutionstyp entwickelt, und er äußert sich so, wie das damalige traumatische Ereignis sein Leben beeinträchtigte: dramatisch, blitzartig, das ganze Nervensystem durchschüttelnd bis zur Todesangst, die Empfindung, in wenigen Sekunden nicht mehr zu leben und danach die völlige Erschöpfung, wenn man es doch tut. Diese Anfälle kommen aus dem Nichts, können einen überall erwischen, und deshalb zieht sich der Aconitum-Typ immer weiter in sein Heim zurück, er will nicht mehr Auto fahren, geht nicht mehr ins Kino und lehnt es ab, Freunde zu besuchen. Panikstörungen gehören zu den am schwersten zu behandelnden Krankheiten überhaupt. Hier kann man in vielen Fällen mit der Homöopathie helfen,

und nirgends ist diese Hilfe wichtiger als hier, denn sonst droht Depression, Einsamkeit und Kräfteverfall. Man findet diesen Typ als Folge traumatischer Erfahrungen, die mit dem Tod in Zusammenhang stehen.

Seelische Hinweise
▌ Krisenhafte Angstzustände, die sich bis zum Kollaps zuspitzen, gefolgt von großer Schwäche.
▌ Glaubt, zu sterben und dabei sogar die Stunde zu wissen.

Körperliche Hinweise
Nach Erkältung hohes Fieber mit rotem Gesicht und trockenem Mund.

So kommen Sie mit diesem Typ zurecht
Aconitum C200 kann dazu führen, dass die Angstattacken weniger und milder werden. Am besten ist es, in Krisen den Partner in den Arm zu nehmen, ihm gut zuzureden und einfach da zu sein.

Alumina (Aluminiumoxid) – die Verwirrte
Vorwiegend für Frauen

Dieses Mittel wird dann gebraucht, wenn Menschen das Gefühl haben, nicht mehr zu wissen, wer sie sind und was sie wollen, und darüber zunehmend in Verzweiflung geraten. Dieser Typ entsteht meist als Reaktion auf schwere Traumata wie Entwurzelung,

Verarmung und Entfremdung und zeichnet sich aus durch schwere Depressionen und Gedächtnisverlust bis hin zu Demenz. Diese Menschen werden zunehmend unfähig, etwas zu ändern. Sie stecken entweder den Kopf in den Sand und tun gar nichts, oder sie tun mutwillig das Falsche, das für sie Schädliche. Diese Konstitution verstärkt sich durch Entfremdung in der Großstadt und die zahlreichen Enttäuschungen, die man in der Anonymität erlebt. Als Partner sind diese Menschen willenlos, lassen sich prägen und dominieren. Sie machen alles mit, aber sie machen nichts aus Überzeugung. Man findet diesen Menschen in allen Geschäftsbereichen, in denen ein rascher Wechsel an der Tagesordnung ist und man sich nie sicher sein kann, ob es da morgen noch einen Job gibt.

Seelische Hinweise

- Vergesslich, vor allem bei Anspannung. Hier kann sie im Extremfall sogar Schwierigkeiten haben, sich an den eigenen Namen zu erinnern.
- Lässt sich von einem egoistischen Partner ausnutzen und missbrauchen.
- Spricht mit einer Stimme, der kein Gefühl anzumerken ist.

Körperliche Hinweise

- Empfindungen von Wärme, die schwächt und kraftlos macht.

So kommen Sie mit diesem Typ zurecht

Alumina C200 kann hier eine Selbstvergewisserung herbeiführen, die dann auch die Kraft gibt, in Leben und Partnerschaft eigene Interessen durchzusetzen. Wenn Sie mit diesem Persönlichkeitstyp in einer Beziehung leben, ist Sport oder auch der Aufenthalt in der freien Natur ein Mittel, über die Empfindung des Körpers wieder stärker die eigene Seele zu erspüren.

Ambra grisea (Sekret des Pottwals) – die Schamhafte

Vorwiegend für Frauen

Wenn Sie seit Jahrzehnten mit einem Menschen verheiratet sind, der es immer noch nicht ertragen kann, in Ihrer Nähe die Toilette zu benutzen, haben Sie es vermutlich mit Ambra grisea zu tun. Hier paart sich das Gefühl von Scham mit dem, schmutzig zu sein. Ambra grisea gilt allgemein als schüchtern und blickt einer Party mit Bangen entgegen, da ihm dort zahlreiche Gefahren drohen: Witze, die auf seine Kosten gehen, sowie mehr oder weniger beabsichtigte Bloßstellungen. Egal, wie intelligent ein Ambra-Typ ist, er hält sich trotzdem für unwürdig und wird im Leben deshalb darauf verzichten, irgendeine Bedeutung anzustreben. Nur in kleinen, abgegrenzten Bereichen kann man merken, dass er es weit bringen könnte, wenn er nur das Vertrauen fasste, dass man ihn aufgrund seiner Leistungen beurteilt und nicht aufgrund seines kärglichen Selbstwertgefühls. Man findet diesen Typ als Hausfrau und Mutter mit einem ehrgeizigen Hobby, zum Beispiel die Pflege eines riesigen Ziergartens.

Seelische Hinweise
▪ Hat wenig Selbstwertgefühl und bezeichnet sich in einer Krise schnell als „ein Stück Dreck".
▪ Trägt am Strand keinen Bikini, selbst wenn sie eine gute Figur hat.
▪ Zeigt sich auch einem langjährigen Partner nur ungern nackt.

Körperliche Hinweise
▪ Blähungsbeschwerden.
▪ Schickt Menschen aus dem Haus, wenn sie die Toilette aufsuchen möchte.

So kommen Sie mit diesem Typ zurecht
Ambra grisea C200 lässt diese Menschen entspannter und selbstbewusster mit Situationen umgehen, in denen Schamgefühle vorherrschen. Als Partner sollten Sie Rücksicht auf die Eigenart des anderen nehmen. Machen Sie keine Witze darüber und versuchen Sie nicht, ihm die Schamhaftigkeit abzugewöhnen.

Argentum nitricum (Silbernitrat) – der Ängstliche
Vorwiegend für Männer

Menschen, die dieses Mittel brauchen, drängen sich immer in den Vordergrund und wollen beweisen, wie groß ihre Fähigkeiten sind. Aber eigentlich sind sie Anforderungen gar nicht gewachsen. Panikattacken, Schwächeanfälle und eine große Anzahl von Ängsten und Zwängen machen sie für ihre Partner mitunter sehr anstrengend. Nach außen hin spielen sie heile Welt, in der Partnerschaft aber fordern sie dem anderen alles ab und müssen in Krisen wie hilflose Kinder getröstet, gepflegt und rundum versorgt werden. Argentum-nitricum-Menschen haben zwar sehr gute Anlagen und kommen beruflich meist relativ weit, den oberflächlichen Erfolg müssen sie jedoch mühsam aufrechterhalten, und er kann aufgrund einer großen Anzahl von Schwächen und Neurosen jederzeit in sich zusammenstürzen. Diese Menschen haben Angst vor Aufzügen, Plätzen, Menschenmengen und Flugzeugen oder entwickeln früh die Marotte, im Theater oder im Kino immer ganz am Rand sitzen zu müssen, um im Notfall rasch flüchten zu können. Man findet diesen Typ als Experten, die Gutes leisten, jedoch aufgrund ihrer Ängste und Hemmungen meist unter Wert verkauft werden.

Seelische Hinweise

▪ Zahlreiche Ängste, über die er offen spricht, fast als wolle er sich damit brüsten.

▪ Für die Arbeit, die er macht, ist er meist zu „klug".

▪ Beim Streit spricht er so lange, bis er den anderen an die Wand geredet hat.

Körperliche Hinweise

▪ Schmerzen wie von einem Splitter.

▪ Sucht nach Süßem, das jedoch schlecht vertragen wird.

So kommen Sie mit diesem Typ zurecht

Argentum nitricum C200 baut Ängste ab und schenkt Selbstvertrauen. Ideal wäre es, wenn der Partner die Rolle des Brötchenverdieners einnimmt, denn so kann der ganze Druck aus Argentum entweichen und er kann im Stillen durchaus Großes vollbringen.

Barium carbonicum

Dieses wichtige Mittel wird unter „Die 12 Archetypen der Liebe" genauer besprochen.

Capsicum (Cayennepfeffer) – die Bockige

Vorwiegend für Frauen

Ein Hinweis auf dieses Mittel sind rote Wangen bei rundlichen Personen, die etwas ungepflegt wirken und von trä-gem, phlegmatischem Temperament sind. Ein weiteres Zeichen ist ausgeprägtes Heimweh. Diese Menschen fühlen sich Veränderungen nicht gewachsen, und sobald man sie einmal auf eigene Beine zu stellen versucht, knicken sie ein und wollen nur noch nach Hause. In der Kindheit ist es die Mutter, später dann der Partner, der sie versorgen soll. Sie fürchten jede Anstrengung. Schon eine kleine Wanderung wollen sie nicht mitmachen, weil sie sich ihr nicht gewachsen fühlen. Am häufigsten aber sind sie bockig, auch weil sie viel gescholten werden – und das nicht zu Unrecht, denn sie sind unwillig und an vielen Dingen desinteressiert, weil sie sehr stark um die eigenen Gefühle kreisen und Bitterkeit über vergangene Kränkungen empfinden. In guten Zeiten sind es liebevolle und anhängliche Menschen, die keiner Seele etwas zuleide tun können. Man findet diesen Typ leider relativ häufig als alleinstehende Sozialhilfeempfängerin oder als lethargische Ehefrau, die sich von ihrem Mann harsche Verweise anhören muss.

Seelische Hinweise

▪ Stellen sich dumm, nur um Aufgaben auszuweichen.

▪ Sprechen langsam und tun so, als wären sie schwerhörig.

▪ Schon bei kleinen Schwierigkeiten fangen sie an zu heulen und sind völlig hilflos.

Körperliche Hinweise

▪ Brennende, stechende Beschwerden im Hals.

▪ Rote, kalte Nase, rote, kalte Wangen.

So kommen Sie mit diesem Typ zurecht

Capsicum C200 hilft diesen Menschen dabei, sich für den Alltag zu öffnen und in ihm ihren Mann zu stehen. Als Partner müssen Sie versuchen, liebevoll Erziehungsarbeit zu leisten – und sich im Alltag selbst um die Details kümmern.

Carcinosinum (Krebsnosode) – die Umsorgende
Vorwiegend für Frauen

Dieses Mittel gehört zu den angenehmeren Zeitgenossen. Hübsch von Gestalt, gepflegt und adrett gekleidet, sind sie liebenswürdig und höflich, fleißig und genau und kümmern sich um ihre Mitmenschen, wenn diese in Not sind, denn das Gefühlvolle, Mitleidende ist ihre wichtigste Eigenschaft. Sie tun das alles, weil sie ängstlich sind und sie die Empfindung bedrückt, dass von einem Tag auf den anderen alles zu Ende sein kann. Sie sind etwas schwächlich, fühlen sich leicht überlastet und klagen dann über Kopfschmerzen. Kritik vertragen sie ebenso schlecht wie Trost, und einem Partner wird es kaum gelingen, sie „aufzubauen". Da sie überhaupt nicht abenteuerlustig sind, sich wenig zutrauen und ihnen der Mumm fehlt, selbstbewusst und zielsicher durchs Leben zu gehen, wird eine kernigere Natur an ihrer Seite mit der Zeit unzufrieden werden. Man findet diesen Typ bei Menschen, die mitunter eine erstaunliche Karriere gemacht haben, dann aber schwer erkrankten.

Seelische Hinweise

▪ Äußerst genau in allen Aktivitäten.

▪ Vorsichtig und misstrauisch bei allem Ungewohnten.

▪ Braucht ein geschmackvoll und kuschelig eingerichtetes „Nest", um sich wohl zu fühlen.

Körperliche Hinweise

▪ Schläft auf dem Bauch in Knie-Ellenbogen-Lage.

▪ Mag Schokolade.

▪ Milchkaffeebraune Flecken auf der Haut.

So kommen Sie mit diesem Typ zurecht

Carcinosium C200 macht diese Typen locker und schenkt ihnen ein größeres Vertrauen in die Welt. In der Partnerschaft ist es sinnvoll, gemeinsam Sport zu machen. Vor allem leichte Spiel- und Ausdauersportarten helfen dabei, innere Spannungen abzubauen und über die körperliche Aktivität mehr Selbstvertrauen zu gewinnen.

China (Chinarinde) – die Übersinnliche
Vorwiegend für Frauen

Hier ist das Gefühl von Schwäche und Schutzlosigkeit verbunden mit dem Bedürfnis, in anderen Welten zu leben. Diese Menschen sind geistig überaktiv und glauben mitunter, über übersinnliche Kräfte zu verfügen. In der Esoterik-Szene findet man viele Menschen, die durch dieses Mittel gestärkt werden, was sie übrigens ungern zugeben, da sie alle Änderung im Leben auf eigene Bewusstwerdungsprozesse zurückführen. Bei China-Typen besteht außerdem die Neigung, sich die Welt mit ungewöhnlichen Bildern erklären zu wollen. Dann hat nicht das Homöopathikum zu einer Verbesserung geführt, sondern die Begegnung mit Waldgeistern, die ihnen tröstlich zugewinkt haben, oder die Rettung der Bevölkerung in einer fernen Galaxie. China-Typen sind Menschen, die der Welt positive Energie schenken wollen – was sich auch für den Partner günstig auswirken kann. Man findet diesen Typ als Ehepartner eines Mannes, der sich verlässlich um den Lebensunterhalt kümmert.

Seelische Hinweise
- Liebt Gespräche über Außerirdische und Überirdisches.
- Ist sehr einfühlsam, sodass man manchmal glaubt, sie könne Gedanken lesen.
- Hat Vorahnungen, beispielsweise dass das Telefon gleich klingeln wird – was dann auch tatsächlich eintritt …

Körperliche Hinweise
- Große Schwäche nach Monatsblutung oder Durchfall.

So kommen Sie mit diesem Typ zurecht
China C200 wirkt sich „erdend" aus, wenn sich diese Menschen in ihren Visionen zu verlieren drohen. Wichtig ist dieses Mittel auch bei Schwächezuständen nach Enttäuschungen, die meistens dadurch hervorgerufen werden, dass sich Visionen im Alltag schwierig durchsetzen lassen.

Cimicifuga (Wanzenkraut) – die Berufskranke
Vorwiegend für Frauen

Diese Menschen kreisen um ihre körperlichen Beschwerden, und das so sehr, dass sie ihre tägliche Arbeit nicht mehr schaffen. Wenn sie mit Freunden oder Bekannten zusammensitzen, sprechen sie über ihre vielen Krankheiten, vor allem über Schmerzen. Dabei sind sie redselig bis zur Geschwätzigkeit, klagen darüber, bald sterben zu müssen, wenn es so weitergeht, und haben Ängste vor Kleinigkeiten. Das hat damit zu tun, dass ihre Sensibilität und ihre gefühl- und mitleidsvolle Art durch die üblichen Lebenserfahrungen enttäuscht und immer wieder gehemmt wurden. Es sind Liebende, deren Empfindungen nie passend beantwortet wurden. Selbst neben einem Partner können sie vereinsamen, weil sie emotional „ausgehungert" sind. Wenn Sie merken, dass jemand unablässig redet und dabei kein anderes Thema kennt als das, wie schwer er es mit sich und seinem Körper hat, dann denken Sie an dieses Mittel. Man findet diesen Typ als Hausfrau, deren Kinder schon aus dem Haus sind und die keine wirkliche Aufgabe im Leben mehr sieht.

Seelische Hinweise

▮ Die Beschwerden traten nach vorzeitiger Entfernung der Gebärmutter auf.
▮ Trost verschlechtert die Probleme eher, gute Neuigkeiten verbessern.
▮ Manchmal hilft strenges Auftreten, um diesem zu Selbstzweifeln und Zögerlichkeit neigenden Persönlichkeitstyp eine klare Richtung aufzuzeigen.

Körperliche Hinweise
Schmerzen im ganzen Körper, „Fibromyalgie".

So kommen Sie mit diesem Typ zurecht
Liebevolle und zärtliche Zuwendung lässt diese Menschen aufblühen. Cimicifuga C200 wirkt ausgleichend auf die schwankende Gefühlslage und kann auch im hormonellen Bereich eine Stabilisierung bewirken, vor allem bei ausgeprägtem prämenstruellen Syndrom. Machen Sie einmal in der Woche einen Sauna- oder Bäder-Tag und lassen sie sich beide verwöhnen.

Gelsemium (Besenginster) – die Anlehnungsbedürftige
Vorwiegend für Frauen

Im Vordergrund steht hier Anlehnungsbedürftigkeit und völlige Orientierungslosigkeit, wenn die Stütze durch einen Partner wegbricht. Diese Menschen werden dann zittrig, bekommen Schwindelgefühle, und die Augen werden ihnen so schwer, dass sie vor Aufregung einschlafen (!) könnten. Diese Konstitution wurde in der Jugend angelegt, in der diese Menschen zu früh und auf sich allein gestellt Aufgaben und Pflichten übernehmen mussten, die in diesem Alter eigentlich noch noch nicht vorgesehen sind. Schon in der Schule können sie es nicht ertragen, von Lehrern geprüft zu werden. Auch später bekommen sie, wenn sie Leistungen erbringen, sollen, Herzklopfen, sie fühlen sich schwach, und es kommt zu einem Blackout beim Denken. Es sind Menschen, die in der Beziehung zu klammern beginnen, sobald es Schwierigkeiten gibt. Je stärker der Partner auf seiner Freiheit besteht, desto intensiver halten sie sich an ihm fest, flehen ihn an, zu bleiben, werden völlig hysterisch und brechen dann, wenn eine Trennung unvermeidlich ist, so sehr zusammen, dass sie wegen großer Schwäche ins Krankenhaus müssen. Diese Verhaltensweisen rühren von alten Wunden aus der Kindheit her, meist auf das Alleingelassen werden durch die Eltern, zum Beispiel bei monatelangem Krankenhausaufenthalt. Man findet diesen Typ in Beziehungen mit einem geschäftlich erfolgreichen Partner, den sie zu verlieren fürchten.

Seelische Hinweise

- Vorsichtig in allem, Neigung, sich dauernd rückzuversichern.
- Handlungsunfähig in Krisen.
- Ängste beim schnellen Autofahren des Partners.

Körperliche Hinweise

- Zittern.
- Schwere Lider.
- Schmerzen im Hinterkopf.

So kommen Sie mit diesem Typ zurecht

Gelsemium C200 schenkt diesen Menschen die Kraft, etwas Eigenes zu unternehmen und eigenständiger zu werden. Als Partner ist es sinnvoll, wenn Sie sich Ihre Freiheiten so nehmen, dass der andere nicht das Gefühl hat, es würde ihm dabei seine Lebensstütze wegbrechen.

Graphites (Reißblei) – die Aufgeregte

Vorwiegend für Frauen

Menschen, die sich durch kleine Ereignisse außer Fassung bringen lassen, hektisch und besorgt werden und dabei weinen und sentimental werden, lassen an Graphites denken, und dazu passt auch der empfindliche, etwas schwammige Körper, den diese Menschen mit der Zeit aufweisen. Man denkt zuerst, es könnte sich um Pulsatilla handeln, aber dann stellt man fest, dass Graphites-Typen weit stärker im Leben stehen und ihre Aufgaben weit besser meistern. Wenn sie sich ausgeheult haben, werden sie ruhig und stark, und sie haben auch keine Probleme, einen Beruf auszuüben und darin tüchtig zu sein. Auffallend häufig findet man sie in Berufen, die Engagement erfordern, zum Beispiel als Krankenschwester, die beliebt ist wegen ihrer menschlichen Wärme, aber von ihren Kolleginnen kritisiert wird, weil sie eine Lappalie hochspielen kann und dabei außer Fassung gerät. Da sie aber ihre Qualitäten hat, ist sie überall, wo sie sich länger aufhält, beliebt und wird allseits geschätzt. Man findet diesen Typ in Bereichen, in denen Fürsorge im Vordergrund steht, beispielsweise als Klosterschwester, als Haushälterin oder als Kindergärtnerin.

Seelische Hinweise

- Redet gern bis hin zur Geschwätzigkeit.
- Sehr neugierig und klatschsüchtig, aber ohne Boshaftigkeit.
- Lächelt viel und neigt dazu, Kollegen zu umsorgen, besonders, wenn sie „schlecht aussehen".

Körperliche Hinweise

- Nässende Ekzeme.
- Ausfluss.
- Darmträgheit.

So kommen Sie mit diesem Typ zurecht

Graphites C200 hilft beim Abnehmen, schafft einen seelischen Schutzwall und führt bei diesem Persönlichkeitstyp zu innerer Ruhe und Zufriedenheit. Es sind sehr gute Partner, die sich liebevoll und tüchtig um Familiäres kümmern und es zugleich schaffen, mit Bravour einen engagierten Beruf auszuüben.

Kalium arsenicosum (Kaliumarsenat) – die Heimliche

Vorwiegend für Frauen

Hier haben wir Menschen, die ohne ihre Familie nichts sind, die ohne einen festen Verhaltenskodex ins Taumeln geraten und die von ihren Ängsten verrückt werden können. Diese Konstitution bildet sich vor allem in alten Adelsfamilien heraus, deren große Zeit vorüber ist und deren Verhaltenskodex nicht mehr in die neue Zeit passt – und das macht Angst. Diese Angst hat immer etwas mit Absterben zu tun und bezieht sich häufig auf die Gesundheit, aber davon erfährt der Therapeut in der Regel nichts, da die Hemmschwelle, sich einem Außenstehenden anzuvertrauen, unendlich hoch ist. Diese Menschen sind gefangen in Konventionen, und dazu gehört vor allem Verschwiegenheit. Ein weiteres Charakteristikum ist Ordnungsliebe, die so weit geht, dass sie ihre Tätigkeiten auf einfache Aufgaben, zum Beispiel die Führung eines kleinen Haushalts, beschränken müssen. Sie schlafen schlecht und wenig und liegen oft angsterfüllt wach. Als Partner spürt man, dass etwas nicht stimmt, aber auf Nachfragen erhält man keine Antwort. Ihre Ängste zu verheimlichen ist diesen Menschen wichtiger, als damit an das Tageslicht zu treten und sie nüchtern zu betrachten – als hätten sie Angst davor, zu erkennen, wie unbegründet diese Ängste eigentlich sind. Man findet diesen Typ als Spross einer Familie, in der strenge Regeln galten und das Gefühl vermittelt wurde, dass man im Leben viel falsch machen kann.

Seelische Hinweise

- Wer sie nicht kennt, hält sie für streng und abweisend.
- Wenn sie irgendwo fremd sind und sich vorstellen sollen, werden sie fast ohnmächtig vor Anspannung und Angst.

■ Die Ängste äußern sich vor allem in Herzrasen.

Körperliche Hinweise
Anfallsweises Herzrasen mit großer Angst.

So kommen Sie mit diesem Typ zurecht
Kalium arsenicosum C200 ist in Krisensituationen wie einem Herzanfall mit Herzrasen ein wirksames Heilmittel. Insgesamt macht es diese Menschen gelöster, sodass sogar Spontaneität und Lebensfreude möglich werden. Für den Partner ist es wichtig, diesen Menschen die Zunge zu lösen und ihnen zu zeigen, dass man über alles sprechen kann.

Lac defloratum (Entrahmte Kuhmilch) – das Herdentier
Vorwiegend für Frauen

Hier hilft der Blick auf das Wesen von Kühen: Es sind milde, freundliche Wesen, die in Herden auftreten. Gemeinschaft ist also der wesentliche Triebfaktor für Menschen, denen dieses Mittel helfen kann. In einer Gesellschaft, in der Ellenbogen, Hektik und Unsicherheit herrschen, scheint es keinen Platz zu geben für Lac-defloratum-Typen, die am liebsten den ganzen Tag mit Gleichgesinnten zubringen würden, einzig damit beschäftigt, darauf zu warten, dass die Zeit vergeht. Dies mag erklären, warum diese Menschen gerne äußern, es liege ihnen nichts mehr am Leben, sie hätten keine Furcht vor dem Tod, denn sie könnten das Leben in der industriellen Welt prinzipiell nicht verstehen. In der Partnerschaft können Sie davon ausgehen, dass diese Menschen treu sind, unschuldig und liebenswürdig. In ihrem Umfeld können sich Kinder besonders gut entfalten, da sie hier auf Verständnis treffen. Man findet diesen Typ bei Menschen, die eine unruhige Kindheit hatten mit Eltern, die mehrmals ihre Partner wechselten und vor allem für Beruf und Karriere lebten.

Seelische Hinweise
■ Kein Ehrgeiz, wenig Eigeninitiative, wenig Fleiß.
■ Neigen nicht dazu, andere zu kritisieren oder sich überhaupt ein Urteil anzumaßen.
■ Lassen sich sehr leicht von dominanten Menschen zum Mitmachen bewegen.

Körperliche Hinweise
Migräne in der Stirn mit Pochen bis zu Sehstörungen.

So kommen Sie mit diesem Typ zurecht
Lac defloratum C200 ist als Mittel überall dort angebracht, wo man in kalten Vorstädten isoliert in einer Wohnung leben muss und wenig Kontakt mit Nachbarn hat. Ein warmes Nest mit vielen Menschen ist das ideale Umfeld für

diesen Persönlichkeitstyp. Am besten pflegen Sie gemeinsam einen angenehmen Bekanntenkreis.

Lac humanum (Muttermilch) – die Ungestillte
Vorwiegend für Frauen

Es gibt Erwachsene, die von Muttermilch als homöopathischer Arznei eine unglaubliche Stabilisierung ihres Lebens erfahren. Vorher empfanden sie sich einsam und ungeschützt und warfen ihrer Mutter vor, sie habe sie nicht genug geliebt und deshalb seien sie zu unselbstständigen Menschen geworden. Es sind meist schlanke Menschen, die in Nervenkrisen geraten, bei denen sie noch mehr Gewicht verlieren und sich in einer Haltung zusammenkrümmen wie ein Frühgeborenes, das in die Welt hinausgestoßen wurde. Sie empfinden immer noch die Verunsicherung eines Babys, das sich nach der Geburt in einer fremden Welt wiederfindet, in der es Nahrung aufnehmen muss, um in ihr zu überleben. Als Partner sind sie lieb und willig, wenn sie sich geschützt fühlen, und schnell überfordert und gereizt, wenn Ansprüche an sie gestellt werden. Bei der Erziehung ihrer eigenen Kinder fällt es ihnen schwer, streng und konsequent zu sein, weshalb sie oft nicht mehr ernst genommen werden und die Gefahr besteht, dass sie in ihrer Familie im Laufe der Zeit nur noch

Dekoration sind, weil sie nicht die Kraft haben, andere Menschen zu formen und zu bereichern. Man findet diesen Typ als Folge einer Kindheit, in der die Mutter nur wenig Zeit hatte und eher grob und wenig fürsorglich agierte, vor allem in Großfamilien mit zahlreichen Kindern.

Seelische Hinweise
▌ Sehr empfindlich gegen Kritik.
▌ Klagen auch als Erwachsene sehr über die Mutter, die sie nie verstanden habe.
▌ Interesse an Naturheilkunde, da sie sanft ist und nicht schaden kann.
▌ Gefühl ist immer wichtiger als Verstand.

Körperliche Hinweise
▌ Häufige Kopfschmerzen.
▌ Unverträglichkeit von Nahrungsmitteln.

So kommen Sie mit diesem Typ zurecht
Lac humanum C200 kann dabei helfen, sich aus der Schutzlosigkeit zu befreien und mehr Selbstvertrauen aufzubauen. Als Partner sollten Sie die Rolle des Felsens in der Brandung einnehmen, den anderen ernähren, beschützen und trösten, wenn er strauchelt.

Pulsatilla (Küchenschelle) – die Verschmuste
Vorwiegend für Frauen

Die Arznei hilft Menschen, die von einer Situation hilflos überfordert sind und nur noch weinen. Menschen, denen Pulsatilla hilft, sind nachgiebig bis zur Unterwürfigkeit und suchen sich instinktiv einen zärtlichen, rücksichtsvollen Partner, der sie versteht und auffängt. Pulsatilla ist kindlich, weich und gefügig. Wer jedoch länger mit Pulsatilla-Typen in einer Partnerschaft lebt, merkt, dass ein Teil ihrer Weichheit Berechnung ist. Sie wollen im Leben möglichst liebkost werden, und deshalb machen sie sich klein und lieb wie Plüschtierchen und finden auch nichts dabei, einem Partner einmal untreu zu sein, um sich ihre Streicheleinheiten zu holen. Es ist ihnen auch nicht wichtig, wirklich verstanden zu sein; auch der oberflächlichste Trost kommt bei ihnen gut an, Hauptsache, man hat immer ein nettes Wort für sie. Man findet diesen Typ bei jungen Menschen, die noch vor dem Beruf stehen und noch jede Menge Flausen im Kopf haben.

Seelische Hinweise
▍ Weint sehr leicht, auch bei angenehmen Gefühlen.
▍ Mitfühlend und zärtlich.
▍ Fühlt sich am besten in freier Natur.

Körperliche Hinweise
▍ Wenig Durst.
▍ Beschwerden verschlechtern sich in warmer Umgebung und haben die Neigung, von Körperteil zu Körperteil zu „springen" und ihre Qualität zu wechseln.

So kommen Sie mit diesem Typ zurecht
Pulsatilla C200 hilft, wenn diese Menschen schmollen und dabei häufig und unbegründet weinen. Das Schmollen äußert sich auch durch hartnäckige Atemwegsinfekte, bei dem zähes Sekret vor allem die Nasennebenhöhlen verstopft. Sie können diese Episoden beim anderen verhindern, indem Sie lieb und zärtlich sind und häufig kuscheln. Das tut Ihnen bestimmt genauso gut wie Ihrer Pulsatilla …

Psorinum (Krätzenosode) – das „Hascherl"
Vorwiegend für Frauen

Diese Menschen empfinden sich als nichtswürdig, und man findet in ihrer Kindheit die Erklärung: Sie sind gequält worden. Man hat versucht, ihnen ihr Selbstbewusstsein zu rauben, und das in einer frühen, schutzlosen Phase. Wen kann es da wundern, dass sie sich heute noch als elend und bemitleidenswert empfinden? Sie haben das Gefühl, dass ihnen Glück nicht zusteht, und deshalb fordern sie auch in Beziehungen wenig und geben alles, und selbst wenn sie von Partnern missbraucht werden, leiden sie lange ohne Widerrede, denn sie fühlen sich den Anforderungen und Gefahren des Lebens alleine nicht gewachsen. Schon das prächtige Blühen der Natur im Mai kann bei ihnen Kopfschmerzen und heftigen Heuschnupfen verursachen. Selbst eine Schwangerschaft und die damit verbundenen Aufgaben jagen Psorinum-Frauen Angst ein. Wenn sie aber die Erfahrung machen, dass sie Verantwortung übernehmen können, gehören sie zu den warmherzigsten und gewissenhaftesten Müttern überhaupt. Man findet diesen Typ vor allem in ländlichen Bereichen als Folge einer überaus harten Kindheit, in der es an fast allem gefehlt hat: Zuneigung, Anerkennung, Wohlstand.

Seelische Hinweise

- Klammert sich gern an einen stärkeren Partner, den sie rückhaltlos bewundert, und das so sehr, dass es ihm auf die Nerven geht.
- Ist dauernd krank und hilfebedürftig.
- Fühlt sich zu nichts nutze, selbst wenn sie gute Leistungen bringt.

Körperlicher Hinweis

- Pollenallergie.
- Starkes Frieren auch im Sommer.

So kommen Sie mit diesem Typ zurecht

Psorinum C200 bewirkt, dass sich diese Menschen mehr zutrauen und mit der Zeit auch wagen, Forderungen und Ansprüche an das Leben zu stellen. Ansonsten sind regelmäßige Aufmunterungen und Komplimente wichtiger als bei vielen anderen Menschen.

Selenium (Selen) – der Lebensschwache
Vorwiegend für Männer

Hier haben wir einen schüchternen Menschen, der sich nichts zutraut, schwach ist in allem und frühzeitig altert, wobei sich die Gedächtnisschwäche, an der er immer schon gelitten hat, sich bis zur Senilität steigern kann. Diese Konstitution entsteht in einem Umfeld, in dem auf den einzelnen Menschen nicht geachtet wird, in dem er rechtlos und ohne Ansprüche existieren muss. Selbst eine Veränderung dieses Umfelds zeigt dann später keine große Wirkung mehr. Auch in der Partnerschaft sehen Selenium-Typen keine Gestaltungsmöglichkeit. Sie geben dem anderen in allem nach, sagen Ja und Amen, selbst wenn sie von ihm übervorteilt werden. Manchmal möchte man sie rütteln und sagen: Steh doch einmal für dich ein! Versuch doch einmal, du selbst zu sein! Aber man erkennt bald, dass ihnen durch ihr schweres Leben die Vitalität und die Eigeninitiative abhanden kamen. Man findet diesen Typ als Folge einer Kindheit, in der man schon mit vier oder fünf Jahren die Rolle eines Erwachsenen übernehmen musste.

Seelische Hinweise
▪ Trifft ungern Entscheidungen.
▪ Scheut körperliche Überanstrengung und mag keinen Sport.
▪ Zurückhaltend in der Liebe, spricht nicht gern darüber und zeigt ungern Gefühle

Körperliche Hinweise
▪ Gelber, salziger Schweiß.

So kommen Sie mit diesem Typ zurecht
Selenium C200 wirkt vitalisierend und erhöht die Belastbarkeit. Als Partner können Sie auch vorsichtig damit beginnen, gemeinsam Sport zu machen, auch um das Selbstbewusstsein zu stärken. Es sollte Ausdauersport sein, bei dem Kraft und Belastbarkeit des Körpers gestärkt werden.

Viola odorata (Wohlriechendes Veilchen) – die höhere Tochter
Vorwiegend für Frauen

Manche gefühlvolle Menschen sind in einer sehr strengen Umgebung aufgewachsen, und man hat den Eindruck, dass sie davon emotional in allem ge-hemmt sind. Es besteht ein Wider-spruch zwischen dem kopfgesteuerten Verhalten, das vernünftig und sanft ist, und den manchmal ganz irrational und fruchtlos aufwallenden Gefühlen, die ihnen keine Befriedigung bringen. Sie sprechen meist kindlich oder mit einer ganz weichen Stimme und sind dann in anderen Situationen wieder kindisch, „frech" und launenhaft. Häufiges grund-loses Weinen ist ein wichtiger Hinweis auf dieses Mittel und die auffallende Abneigung gegen Geigenmusik. Es fällt diesen Menschen schwer, eine Partner-schaft aufzubauen, die ein Geben und Nehmen ist, und noch schwieriger wird es, wenn sie Kinder haben, die sie erzie-hen sollen. Sie ziehen sich aus dieser Aufgabe völlig zurück und überlassen alles dem Partner, weil sie sich unfähig fühlen. Man findet diesen Typ als Folge einer Erziehung, in der Bildung und Fähigkeiten ungewöhnlich stark geför-dert, dabei aber Selbstbewusstsein und Eigeninitiative untergraben wurden.

Seelische Hinweise
▪ Brennt vor Leidenschaft für etwas, das sie sehr gut beherrscht, hat aber nicht das Gefühl, dort „anzukommen" und Genuss daraus ziehen zu können.
▪ Tut in der Liebe gerne unschuldig oder sogar kindisch.
▪ Neigt zu Gefühlsausbrüchen, in denen der Weltschmerz zutage tritt.
▪ Konfliktbeladenes Verhältnis zum Elternhaus.

Körperliche Hinweise

▮ Trockene Haut bei feuchten Handflächen.

▮ Taubes Gefühl der Nase, als hätte jemand daraufgeschlagen.

So kommen Sie mit diesem Typ zurecht

Viola odorata C200 hilft diesen Menschen, aus ihren Gefühlskrisen herauszukommen, und macht sie ausgeglichener. Als Partner sollten Sie Aktivitäten unterstützen, mit denen der Viola-odorata-Typ lernt, seine Gefühle dosiert auszudrücken, zum Beispiel durch Schauspielunterricht, Ausdruckstanz oder Rollenspiel.

Der Körper als Ausdruck des Inneren

Im folgenden Kapitel wenden wir uns körperlichen Symptomen zu, die der Liebe im Wege stehen können, und den homöopathischen Arzneien, die dabei die besten Behandlungserfolge erzielen. Oft ergeben sich daraus Hinweise, die Ihnen helfen, Ihr Konstitutionsmittel zu finden.

Körper, Geist und Seele bilden eine Einheit

Für manche religiöse Menschen ist der Körper eine bloße Hülle für Geist und Seele, die im Tod abgestreift wird. Fakt ist, dass wir ohne unseren Körper nicht leben können. Bereits dem Griechenland der Antike entstammt die Lehre von den Temperamenten. Sie besagt, dass sich die in der Natur herrschenden Elemente Feuer, Wasser, Luft und Erde im Körper verbinden und dabei Leben hervorrufen. Ihr Wechselspiel kann man auf allen drei Ebenen – des Körpers, der Seele und des Geistes – beobachten. Herrscht eines dieser Elemente über einen längeren Zeitraum vor, kommt es zu einem Ungleichgewicht. Beispielsweise erzeugt ein Übermaß an Feuer im Körper Hitzegefühl oder eine Entzündung, in der Seele den Zorn und im Geist eine übergroße Kopflastigkeit. Dies spiegelt sich im Charakter wider, in der so genannten Konstitution oder Verfasstheit (siehe auch Seite 15).

▪ Der Körper ist die mit unseren Sinnen wahrnehmbare Erscheinungsform von Geist und Seele.

Dass wir in der Liebe die körperliche Nähe des anderen suchen und seinen Körper liebkosen, geht weit über hormonell gesteuerte Fortpflanzungsaspekte hinaus. Liebende Berührungen sind der Versuch, den anderen zu erfassen und ihn zu durchdringen, um ihn in seiner Gesamtheit zu erleben. Die häufigsten Liebesbremsen auf körperlicher Ebene sind Fehlfunktionen und Störungen von Organen, und gerade hier können wir mit Homöopathie viel erreichen.

Bei der Suche nach einem passenden homöopathischen Mittel werden wir uns im folgenden Kapitel nun ausschließlich auf körperliche Symptome konzentrieren. Dabei wird schnell erkennbar, dass die Sprache des Körpers wiedergibt, was auch in Geist und Seele angelegt ist. Manchmal ist es schlichtweg einfacher, nur die Beschwerden des Körpers zu beobachten und homöopathisch zu behandeln, als nach den zugrundeliegenden seelische Konflikten zu fahnden.

Schnelle Hilfen

I m Folgenden stelle ich Ihnen einige Homöopathika vor, die besonders in Akutfällen – beispielsweise bei übergroßer Aufregung vor dem ersten Date – Linderung verschaffen können.

Hilfe! Ein Pickel vor der Party ...

Manche Menschen bekommen aus Vorfreude oder bei Aufregung Pickel, und das womöglich für alle sichtbar auf der Nasenspitze! Oder sie können sich darauf verlassen, dass ihre Lippen vor einer Verabredung von Herpesbläschen verziert werden. Das grundlegende Symptom ist hier die „Erwartungsspannung", der körperliche Ausdruck dieses Symptoms ist Rötung mit nachfolgender Eiter- beziehungsweise Bläschenbildung.

Bei Akne, die durch Aufregung verursacht wurde, helfen die folgenden Mittel, die Sie nach den zusätzlich angegebenen Symptomen auswählen sollten.

- Pickel: Nehmen Sie von dem jeweiligen Mittel einmalig 5 Kügelchen einer C30.

Innerhalb von zwei Stunden sollte eine deutliche Verbesserung der Hauterscheinungen vorliegen. Ist das nicht der Fall, versuchen Sie eines der anderen Mittel, die zumindest grob zu Ihren Symptomen passen:

- Calcium phosphoricum: Dieses Mittel eignet sich für junge Frauen, bei denen der Akneschub mit Kopfweh und Blähungen einhergeht. Typisch ist, dass sich die Kopfschmerzen nach Nahrungsaufnahme bessern.
- Causticum: An dieses Mittel ist besonders dann zu denken, wenn die Akne sich auf den Bereich der Nase konzentriert.
- Medorrhinum: Hilft bei Akne, die immer stärker zu jucken beginnt, je mehr man daran denkt.
- Kalium bromatum: Dieses Mittel passt für Menschen mit rot-bläulicher Akne im Gesicht, am Hals und auf den Schultern.

Bei Lippenherpes stehen die Heilungschancen ähnlich gut wie bei Akne, die durch Aufregung aufblüht. Achten Sie bei der Auswahl des homöopathischen

Mittels auch auf die hier genannten speziellen Symptome.

- Lippenbläschen: Nehmen Sie von dem gewählten Mittel einmalig 5 Kügelchen einer C30.

Auch hier sollte innerhalb von zwei Stunden eine deutliche Verbesserung der Hauterscheinungen vorliegen. Ist das nicht der Fall, versuchen Sie von den anderen Mitteln jenes, das ehesten zu Ihren Symptomen passt:

- Rhus toxicodendron: Es ist am besten geeignet, wenn Sie die Verabredung/

die Party/das Fest in Wahrheit fürchten, weil Sie Angst haben, verletzt zu werden.

- Natrium muriaticum: Dieses Mittel hilft gut, wenn Sie sich auf Partys und anderen Festivitäten generell nicht in Ihrem Element fühlen, weil Sie befürchten, nur schwer jemanden zu finden, der Sie wirklich versteht. Lieber sprechen Sie mit einem Menschen allein und intensiv.
- Cantharis: Dieses Mittel ist geeignet, wenn die Fieberbläschen ungewöhnlich stark brennen, so sehr, dass es Ihnen Tränen in die Augen treibt.

Herzklopfen, Schwitzen und weiche Knie

Sie sind frisch verliebt, die Hormone sprudeln und bringen das ganze vegetative Nervensystem durcheinander. Das kann sich bei jedem anders zeigen. Der eine beginnt beim Anblick des Objekts der Begierde auf einmal extrem zu schwitzen und bekommt einen trockenen Mund – in der Homöopathie gilt beides als Hinweis auf eine Störung des Natriumhaushalts im Körper. Der andere entwickelt starkes Herzklopfen mit Schwindel und glaubt fast, in Ohnmacht zu fallen – hier kann eine Störung des Kaliumhaushalts die Ursache sein. Wieder andere verkrampfen vor Anspannung ihre Muskulatur, haben dann einen steifen Nacken oder Rückenschmerzen, was für eine Störung im

Calcium- oder Magnesiumhaushalt spricht. Die genannten Reaktionen lassen sich mildern oder ganz beheben, wenn Sie konsequent und über einige Wochen Homöopathika einnehmen, die den Mineralienhaushalt des Körpers wieder ins Gleichgewicht bringen.

Schweißausbrüche

Erfolge werden Sie mit Natriumsalzen erzielen, wenn bei Ihnen folgende körperliche Hinweise vorliegen:

- Neigung zu trockenem Mund.
- Neigung zu trockenen Schleimhäuten – beispielsweise Frauen, die beim Geschlechtsverkehr nicht „feucht" genug werden.

Wenn das Vegetativum verrückt spielt

GUT ZU WISSEN

Wenn wir aufgeregt sind, ist das vegetative (unwillkürliche) Nervensystem beteiligt, das aus zwei Teilen besteht: dem Sympathicus und seinem Gegenspieler, dem Parasympathicus. Gemeinsam regeln sie Lebensfunktionen wie Atmung, Verdauung, Stoffwechsel, den Wasserhaushalt und vieles andere mehr. Die Nervenzellen des Vegetativums konzentrieren ihre Nervenknoten auch außerhalb des Gehirns, vor allem im Brust- und Bauchbereich. In den letzten Jahren spricht man gerne vom „Bauchhirn", denn die Anzahl der Nervenzellen dort kann sich, wie Forscher herausgefunden haben, durchaus mit denen des Zentralnervensystems messen. Das Vegetativum könnte man auch als Sprachrohr des Unterbewusstseins bezeichnen. Beide sind in hohem Maße an der Entstehung psychosomatischer Krankheiten beteiligt.

Ist man verliebt und/oder aufgeregt, werden sowohl der Sympathicus als auch der Parasympathicus angeregt. Der Sympathicus beschleunigt den Herzschlag, verengt Gefäße, erweitert die Pupillen, entspannt Bronchien, Speiseröhrenmuskulatur sowie Magen, Dick- und Dünndarm und regt die Ausschüttung von Stress- und Schilddrüsenhormonen an. Die Schleimhäute werden trocken, man fühlt sich kampfbereit und aufgeregt im Sinne von nervös, rastlos und „hippelig". Der Parasympathicus dagegen verlangsamt den Herzschlag, erweitert die Gefäße, verengt die Pupille und die Bronchien, regt die Bewegungen von Magen-, Darm- und Blasenmuskulatur an und führt so zu Entleerung von Darm und Harnblase, fördert den Sekretfluss von Haut und Schleimhäuten und damit die sexuelle Erregung. Da der Blutdruck sinkt und die Ausschüttung der Stress- und Schilddrüsenhormone zurückgeht, fühlt man sich entspannt und etwas müde.

Durch eine genaue Beobachtung aus dem Gleichgewicht geratener vegetativer Erscheinungen erhält man wertvolle Hinweise auf das homöopathische Mittel, da es sich in den meisten Fällen um eine Fehlverteilung von Mineralsalzen im Organismus handelt, was zu einer fehlerhaften Weiterleitung hormoneller oder autonom-nervöser Impulse führt. Hier helfen Mineralsalze, die homöopathisch aufbereitet wurden.

- Neigung zu überschießender Flüssigkeitsabsonderung, zum Beispiel dünnflüssiger Fließschnupfen oder Durchfall bei Aufregung.
- Menschen mit einer Natriumstörung flüchten sich bei Schwierigkeiten gerne in den Schlaf.

Natrium muriaticum hilft, wenn Sie im Akutfall – beispielsweise Ihrer ersten Verabredung – vor Aufregung einen trockenen Mund bekommen oder schwitzen. Auch drückende Kopfschmerzen und plötzlicher Harndrang während der Verabredung gehören zu

Starkes Schwitzen: Versucht der Körper, Gifte auszuscheiden?

Wenn sich Ihre erhöhte Neigung zum Schwitzen nicht mit Natrium muriaticum mildern lässt, kann das daran liegen, dass der Körper versucht, über die Schweißdrüsen Gifte auszuscheiden, beispielsweise nach einer Antibiotikatherapie oder bei einer Belastung mit Chemikalien im Arbeits- oder Wohnumfeld. Hilfreich ist auch eine Untersuchung der Schwermetalle im Blut durch einen Arzt. Hier ist insbesondere die Bestimmung des Quecksilberspiegels wichtig, wenn Amalgamplomben und häufiger Genuss von Meeresfischen zusammentreffen

Hegen Sie den Verdacht einer Belastung des Körpers mit Giften, können Sie homöopathisch als Nächstes Thuja D6 probieren, täglich 5 Kügelchen über 2 Wochen. Danach müsste die Schweißbildung zurückgegangen sein. Als Folgemittel wäre noch Nux vomica D6 denkbar, ebenfalls 5 Kügelchen über 2 Wochen. Hat das nicht zum Erfolg geführt, empfiehlt es sich, therapeutische Hilfe in Anspruch zu nehmen.

diesem Mittelbild. Während der Hochphase der Liebe werden Sie vermutlich Gewicht verlieren, bei Liebeskomplikationen droht jedoch Gewichtszunahme. Neben dem Kummerspeck ist hierfür im Wesentlichen eine Störung des Flüssigkeitstransportes verantwortlich.

▮ Starkes Schwitzen: Nehmen Sie eine Stunde vor der Verabredung 5 Kügelchen Natrium muriaticum C30.

Die Linderung der Beschwerden tritt innerhalb weniger Minuten ein und kann tagelang anhalten.

Aufgeregtheit und Übererregung

Menschen mit einer Störung im Kaliumhaushalt erkennt man daran, dass sie bei Gefühlsaufruhr unter Schlaflosigkeit leiden. Im Extremfall sind sie beim ersten Date sehr angespannt, nervös, bringen kaum einen zusammenhängenden Satz heraus, haben Wortfindungsstörungen und Erinnerungslücken. Diese Menschen hassen Prüfungssituationen und sagen aus Aufregung schnell mal das Falsche oder Unpassende. Manchmal ist das Herzklopfen so stark, dass dem Gegenüber das Pulsieren der Halsschlagader auffällt. Auch Schwindel kann in diesen Situationen auftreten. Kalium phosphoricum ist ein Akutmittel, das Sie innerhalb weniger Minuten entspannt, sodass Sie ruhiger wirken. Dieses Mittel hilft Ihnen auch, wenn Sie dazu neigen, aufgrund von Sorgen wach zu liegen oder in den frühen Morgenstunden aufzuwachen.

- Aufregung: Nehmen Sie eine Stunde vor der Verabredung 5 Kügelchen Kalium phosphoricum C30.

Die Linderung der Beschwerden tritt innerhalb weniger Minuten ein.

Verspannungen und Verkrampfungen

Wenn Sie dazu neigen, Ihre Muskulatur bei Aufregung oder Unsicherheit zu stark anzuspannen, kann das an einer Fehlverteilung verschiedener Mineralien liegen. Welches Mineral genau diese Störung verursacht, lässt sich meist nicht sicher sagen. Am besten versuchen Sie absteigend die folgenden Homöopathika:

- Magnesium phosphoricum
- Kalium carbonicum
- Calcium phosphoricum
- Cuprum arsenicosum.

Beobachten Sie über die nächsten 3 Tage, ob die Verkrampfungen zurückgegangen sind. Falls ja, nehmen Sie erneut 5 Kügelchen des gewählten Homöopathikums, sobald die Krampfneigung wieder zunimmt. Falls das erste Mittel nicht geholfen hat, versuchen Sie das nächste.

- Krampf- und Verspannungsneigung: C30, 1 × 5 Kügelchen der oben genannten Mittel.

Falls bei Ihnen keines der Homöopathika gewirkt hat, sollten Sie die Hilfe eines Therapeuten in Anspruch nehmen. Es könnte auch eine Verarmung des Muskels an Mineralien vorliegen, wie das zum Beispiel bei Leistungssportlern bekannt ist. Dies muss mit größeren Mengen ausgeglichen werden.

Gefühl der Hilflosigkeit

Calcium sorgt im Körper für Stabilität, beispielsweise als wichtiger Bestandteil der Knochen. Menschen, die Calciumsalze brauchen, suchen in einer Beziehung vor allem diese Stabilität und Sicherheit. Bei der ersten Verabredung sind sie entspannt und offen und haben keine Mühe, auf den Partner einzugehen. Ihr Schwachpunkt wird erst sichtbar, wenn die Liebesbeziehung in die Krise kommt. Es taucht ein Gefühl übergroßer Hilflosigkeit auf, als würde alle Sicherheit verloren gehen, und manchmal sogar das Gefühl, den Verstand zu verlieren. Körperliche Symptome sind Herzklopfen und rascher Gewichtsverlust. Fühlen sich Menschen mit Calciumstörung dagegen aufgehoben und geborgen, kommt es nicht selten zur Gewichtszunahme.

- Hilflosigkeit: Nehmen Sie 5 Kügelchen Calcium fluoratum C30.

Die Linderung der Beschwerden tritt innerhalb weniger Minuten ein.

Hilfen bei chronischen Problemen

Mit den im vorigen Abschnitt genannten homöopathischen Mitteln lassen sich einige akut auftretende körperliche Probleme schnell in den Griff bekommen. Aber auch für hartnäckigere, ja sogar für chronische Beschwerden hält die Homöopathie Lösungen bereit. Allerdings ist es hierbei wichtig, die richtige Wahl zu treffen und dem Mittel einige Zeit für die Heilung einzuräumen. Meist können die folgenden körperlichen Beschwerden mit dem Konstitutionsmittel in Übereinstimmung gebracht werden, jener tiefen seelischen Verfasstheit, deren Ausprägung im geistig-seelischen Bereich wir unter den wichtigsten Homöopathika kennengelernt haben.

Erstverschlimmerung: Zeichen für Heilung

Eine wichtige Regel in der Homöopathie besagt, dass Heilung immer von innen nach außen, von oben nach unten und in umgekehrter Reihenfolge der Entstehung einer Krankheit erfolgt. So kann durchaus der Fall eintreten, dass beispielsweise die Gabe von Conium lästigen Schwindel augenblicklich auflöst und Schmerzen im Nacken verschwinden, dafür kommt es an den Händen zu Rötungen bis hin zu rissiger, womöglich nässender Haut.

Wie kann man sich diese Reaktion erklären? Giftstoffe, die im Körper gespeichert wurden, werden unter der homöopathischen Therapie mit einem gut passenden Mittel wieder herausgelöst und ausgeschieden. Das ist auf längere Sicht zwar gut für Sie und Ihre Gesundheit, kann aber dadurch, dass Ihre Körpersekrete betroffen sind, momentan störend für die Liebe sein.

Im genannten Fall wären Sie zwar Ihren Schwindel los, haben aber rissige, unschöne Hände, mit denen Sie sich gar nicht trauen, den Liebsten anzufassen. Keine Panik! Heilreaktionen dauern nur wenige Tage an und gehen mit Verbesserungen im seelischen Bereich einher, wie gehobener Stimmungslage und gesteigerter Energie, die sie mehr als wettmachen.

▮ Haut und Schleimhäute sind die häufigsten Orte, an denen sich die so genannten Erstverschlimmerungen einer homöopathischen Therapie zeigen.

Was können Sie tun, um Erstreaktionen abzumildern? Am besten nichts Homöopathisches. Trinken Sie einfach bis zu 3 Liter Wasser täglich. Die Sekretbildung kann auch durch Lindenblütentee gefördert werden: 1 Teelöffel pro Tasse mit heißem Wasser überbrühen, fünf Minuten ziehen lassen, bis zu 3 Tassen täglich trinken.

Liebe geht durch die Nase – Körpergerüche mildern

Gerüche sprechen die Gefühlsebene an und wecken Erinnerungen. Düfte, die wir in den Kleidern und auf der Haut tragen – vom Weichspüler über Parfüm bis hin zum Eigengeruch – haken sich in unserem Unterbewusstsein fest und können noch nach vielen Jahren beim Wiederriechen Gefühle auslösen.

Da Liebesempfindungen und Düfte Hand in Hand gehen, ist es wichtig, die Geruchsmischung, die man produziert, für den anderen möglichst angenehm zu gestalten, denn er will einen ja „gut riechen können". Mundgeruch, Blähungen oder unangenehmer Körpergeruch dagegen sind der Intimität nicht gerade förderlich. Nehmen wir zum Beispiel „Mundgeruch". Hier muss nicht unbedingt gleich ein Homöopathikum zum Einsatz kommen. Gründliche Zahnreinigung und die Verwendung von Zahnseide, das Vermeiden von Knoblauch und anderen schwefelhaltigen Substanzen schaffen hier die Grundlage, diesen Störfaktor auszuschalten. Was aber tun, wenn man trotzdem noch aus dem Mund riecht? Hier gibt es keine Patentlösungen, aber immerhin einige Mittel, die in vielen Fällen geholfen haben. Störende Eigengerüche, die als Ausdruck einer Krankheit oder zumindest einer konstitutionellen Schwäche auftreten, können mit Homöopathika behandelt werden.

■ Körpergeruch: Nehmen Sie von den folgenden Mitteln je nach den weiteren Symptomen 3 Tage lang morgens 5 Kügelchen einer C30.

■ Kalium phosphoricum: Wenn es bei Ihnen aufgrund emotionaler Erschöpfung zu üblen Gerüchen kommt, weil Sie beispielsweise mit dem Versuch gescheitert sind, Ordnung und klare Regeln in Ihrer Umgebung zu etablieren, spricht viel für Kalium phosphoricum. Die Gesichtshaut ist blass, der Teint grau, der Gesichtsausdruck nicht gerade fröhlich-optimistisch, sondern müde und etwas verbittert. Nach der Einnahme werden Sie sich wohler fühlen und auch wieder gut schlafen

– und als Nebeneffekt werden auch die Gerüche verschwinden.

∎ Nux vomica und Natrium sulfuricum: Sind Sie sehr ehrgeizig und kompensieren Arbeitsüberlastung und eventuelle Misserfolge, indem Sie durcheinander essen und viel zu viel Kaffee trinken? Ist Ihr Bauch aufgetrieben, und leiden Sie häufig unter Blähungen? Ihr Schweiß riecht ebenfalls nicht gerade angenehm, und Sie haben unschöne Tränensäcke unter den Augen? In dieser Situation hilft die Einnahme von Nux vomica über drei Tage, danach folgt drei Tage lang Natrium sulfuricum. Sie werden bald feststellen, dass Sie ruhiger werden und es auch wieder schaffen, gesünder zu leben.

∎ Lycopodium und Kalium carbonicum: Sie haben das Gefühl, immer darum kämpfen zu müssen, akzeptiert zu werden? Sie fühlen sich Ihren Aufgaben oft nicht gewachsen? Und nun wollen Sie auf einen Partner Eindruck machen, dem Sie sich womöglich ebenfalls nicht gewachsen fühlen …? Hier führt der Wunsch, attraktiv zu erscheinen und im Mittelpunkt zu stehen, zu einer Verkrampfung der Eingeweidemuskulatur und der vermehrten Bildung von Gasen im Darm. Der Bauch ist aufgetrieben, die Bauchdecke verhärtet, und es kommt zu Blähungen, aber auch zum Aufsteigen von Gasen aus dem Magen, was zu Mundgeruch und in fortgeschrittenen Fällen zu Rülpsen und Schluckauf führen kann. Drei Tage lang Lycopodium und danach weitere drei Tage lang Kalium carbonicum beugt neuerlicher Anspannung vor.

∎ Sulfur: Wenn Sie nach jedem Essen – egal, was Sie gegessen haben – einen unangenehmen Mundgeruch entwickeln, spricht das für Sulfur. Zu diesem Mittel passt auch, dass hastig gegessen wird und Neigung zu morgendlichem Durchfall besteht. Sulfur ist ein gutes Mittel bei einem überlasteten Stoffwechsel.

Kleine Hilfen für Sympathie, Liebe und Erotik

Im Altertum gingen die Menschen oft nur aus einem Grund zum Arzt: um sich dort Zaubermittel zu holen, um andere zur Liebe zu verführen oder ihre Lust an der Liebe zu steigern. Da hat sich bis heute nicht viel geändert. Was damals Liebstöckel oder Mönchspfeffer war, ist heute Viagra oder Cialis. Auch die Homöopathie bietet in ihrem Schatz einige Arzneien an, um den Körper für die Liebe bereiter zu machen.

Überprüfen Sie zunächst, was genau Sie daran hindert, an der körperlichen Liebe

Düfte für Liebe und Heilung

Als Cleopatra im Jahre 46 v. Chr. nach Rom reiste, konnte man nach Berichten von Zeitzeugen ihr Schiff bereits riechen, bevor es überhaupt am Horizont auftauchte. Der Duft, der ihr da vorauseilte, war der von Rosenöl, das die Herrscherin zeitlebens großzügig verbreitete, vielleicht auch, weil ihre Schönheit – zumindest, wenn man ihr auf Münzen geprägtes Antlitz betrachtet – unter heutigen Gesichtspunkten eher überschaubar war. Auch heute noch gelten duftende Rosen als Sinnbild der Liebe, wir stellen uns ein Liebeslager gerne mit Rosenblüten bestreut vor und benutzen nach Rosen duftende Parfüms.

Cleopatra wurde zum Inbegriff der Schönheit, weil sie die Macht, die Duft über Menschen ausübt, offenbar gut kannte. Ihr wird ein Werk über Kosmetik zugeschrieben, in dem sich auch andere Gerüche finden, die noch heute zu den Kernbestandteilen erfolgreicher Parfüms zählen. Dazu gehört beispielsweise Ambra, Ausscheidungen des Pottwals, die an Meeresstränden angeschwemmt werden und dort einen durchdringenden Geruch verbreiten, der erst in höchster Verdünnung angenehm wird. Oder Moschus, das Drüsensekret des männlichen Bisams, das auf weibliche Bisams unwiderstehlich wirkt, aber auch Männern wie Frauen hilft, das andere Geschlecht positiv für sich einzunehmen. In die Reihe der Sexuallockstoffe gehört auch Castoreum, bekannt als Bibergeil – eine der wichtigsten Arzneien des Altertums, der man schmerzlindernde Kraft zumaß; heute noch wird es in Parfüms als herb-männliche Note geschätzt. Ob Blütenessenzen, Baumbestandteile, Harze, die Ausscheidungen eines Wals oder kleiner Nagetiere – allen diesen Duftstoffen ist etwas gemeinsam: Sie erinnern das Geruchsorgan des Menschen an eigene Duftstoffe, die sich beispielsweise im menschlichen Achselschweiß oder im Intimbereich befinden – die so genannten Pheromone. Unter anderem beeinflusst ihre Zusammensetzung auch, wie Geschlechtspartner „aufeinander fliegen".

Die Kunst, diese Cocktails mit Blütendüften noch aufregender zu machen, ist vermutlich fast so alt wie die Menschheit. Die Bedeutung von Blütendüften geht aber weit über die Erotik hinaus. Sie eignen sich auch vielfach als homöopathische Arzneien, mit denen Heilwirkungen erzielt werden können. Dazu gehört im weitesten Sinn auch die Bachblütentherapie, die von dem britischen Homöopathen Dr. Edward Bach im Jahre 1931 begründet wurde. Er verließ zwar den Weg der Arzneimittelprüfung und suchte seine Heilmittel intuitiv auch nach ihrem Duft aus, doch der von zahlreichen Menschen erlebte Heilerfolg bestätigt den Wert seiner Methode. Auf der Grundlage seiner „Bachblüten" haben sich seither zahlreiche weitere Heilsysteme entwickelt, die homöopathische Düfte therapeutisch nutzen. So gibt es heute neben den Bachblüten auch Australische und Kalifornische Buschblüten sowie traditionelle europäische Blütenessenzen.

den vollen Genuss zu empfinden, beziehungsweise was Sie erreichen möchten.

■ **Liebeshilfen:** Wählen Sie eines der folgenden Mittel aus und nehmen Sie einmalig 5 Kügelchen einer C30.

■ **Lachesis:** Dieses Schlangengift lässt Sie nicht nur stärker an Sex denken, es macht Ihren Blick intensiver und erhöht auch die sinnliche Ausstrahlung Ihres Körpers.
■ **Ambra grisea:** Ambra ist eine beliebte Beigabe für Parfüms. Als Homöopathikum hebt es die Stimmung, bringt Körper und Seele in Einklang und mindert Scheu und Schamgefühle.

■ **Phosphor:** Der Alltag ist manchmal ermüdend und grau. Dieses brennbare Element ist ein Lichtbringer für die Seele und öffnet Ihre Gefühlswelt.
■ **Kalium carbonicum:** Es hilft Ihnen, Alltagsstress und die Vielzahl von Pflichten zu vergessen. Sie wollen ja nicht in einer sinnlichen Stunde zur Decke blicken und daran denken, dass noch eine Banküberweisung zu tätigen ist.
■ **Bufo:** Nimmt die Scheu vor körperlicher Nähe, fremden Körpersekreten und unbekannten Gerüchen.
■ **Petroselinum:** Wirkt anregend auf die Geschlechtsorgane, und zwar bei Männern wie auch bei Frauen.

Homöopathie für die Schönheit

Schlank, schön, mit glatter Haut ohne Falten und Altersflecken – da denken wir an die jungen, attraktiven, gertenschlanken Models, die uns aus Mode- oder Lifestyle-Magazinen entgegenlächeln. Und stellen beim Blick in den Spiegel fest, dass wir mit den genannten Attributen weniger glänzen können – schon aufgrund der Jahre, die ins Land gegangen sind. Jedoch müssen bestimmte Erscheinungen nicht zu einem kosmetischen Problem werden – sofern man frühzeitig unliebsamen körperlichen Veränderungen entgegenwirkt.

Vorbeugung von Venenproblemen

Große Krampfadern an den Beinen, eventuell noch zusätzlich mit Wassereinlagerungen im Bereich der Knöchel oder Unterschenkel sind kein unausweichliches Schicksal, das jeden Menschen ereilt, der die vierzig überschritten hat, sondern Ausdruck einer über viele Jahre vorliegenden Störung. In diese Rubrik gehören auch Hämorrhoiden. Beides sind zweifelsohne Liebesbremsen und im fortgeschrittenen Stadium meist ein Fall für den Chirurgen. So weit muss es jedoch nicht kommen, wenn man auf erste Anzeichen

GUT ZU WISSEN

Jung und schön um jeden Preis?

Wer schön sein will, muss leiden, und wir wollen attraktiv sein und nicht alt aussehen und sind oft bereit, einen hohen Preis dafür zu bezahlen. Hochhackige Schuhe verlängern die Beine der Frau und verändern ihren Gang, was als attraktiv empfunden wird. Bezahlt wird dies häufig mit einer Verkürzung der Achillessehne, mit Wadenkrämpfen und Schmerzen in den Füßen. Bauchfreie Oberteile und Piercings führen zu Entzündungen des Nierenbeckens und der Mundschleimhaut. Was man auf lange Sicht für einen Silikonbusen, Botoxspritzen, Fettabsaugungen und Liftings bezahlt, ist noch gar nicht absehbar. Tatsache ist aber auch, dass jeder von uns, sofern er das Glück hat, alt zu werden, einmal wie ein alter Mensch aussehen wird – egal, wie viele medizinisch-technische Möglichkeiten er benutzt, um den Alterungsprozess zu kaschieren. Man sollte sich klar machen, dass kosmetische Chirurgie das von der Natur vorgesehene Bild des Alterns zerstört.

reagiert. Eine Neigung zu Krampfaderbildung beruht auf einer Mischung aus einer gewissen Veranlagung des Körpers, die man als „Bindegewebsschwäche" bezeichnet, erhöhtem Druck auf die Gefäßwände und geistig-seelischer Anspannung. Hier können ebenfalls Homöopathika helfen, die ich Ihnen im Folgenden vorstelle.

■ Krampfadern: Wählen Sie je nach den weiteren Symptomen eines der folgenden Homöopathika und nehmen Sie 1 × wöchentlich 5 Kügelchen C30 über 6 Monate.

■ Calcium fluoratum: Geeignet für Menschen mit dunkler Verfärbung um die Augen und schwachem, brüchigem Bindegewebe, das nach Operationen Narbenbrüche verursacht, aber auch bei überschießender Narbenbildung. Ebenso für Menschen, die immer wieder mit dem Bimsstein dicke Hornschichten von ihren Fußsohlen raspeln müssen. Machen Sie die genannte Kur, um diese Veränderungen zu stoppen und eine leichte Rückbildung zu erfahren.

■ Nux vomica: Ist der Bauch von zu häufiger und unregelmäßiger Nahrungsaufnahme und reichlichem Kaffeegenuss aufgebläht und steht unter Druck, beeinträchtig dies auch den Abfluss des Blutes über die Venen, und es kommt zu Hämorrhoiden. Um zu testen, ob dieses Mittel Ihnen hilft, messen Sie Ihren Bauchumfang, und schreiben Sie ihn auf. Nach Einnahme von 5 Kügelchen Nux

vomica C30 messen Sie Ihren Bauchumfang am folgenden Tag zum gleichen Zeitpunkt und nach ähnlicher
Nahrungsaufnahme noch einmal.
Wenn sich der Bauchumfang um 2 cm
oder mehr verringert hat, besteht
Hoffnung, dass regelmäßige Einnahme von Nux vomica Ihre Venen
entlastet. Machen Sie dann die
genannte Kur.

▮ Aesculus hippocastanum: Dieses
Mittel eignet sich besonders dann,
wenn Sie noch kein Konstitutionsmittel für sich gefunden haben, Sie
aber dennoch Ihre Venenprobleme in
den Griff bekommen möchten. Die
Rosskastanie enthält Rutosid, eine
Substanz, die nachweislich Venen
strafft und sie weniger wasserdurch-
lässig macht. Die Rosskastanie wird in
der Volksmedizin deshalb schon seit
vielen Jahrhunderten bei Krampfadern und Hämorrhoiden verwendet.
Wer nicht täglich mehrere Kapseln
eines herkömmlichen Präparates einnehmen mochte, kann Aesculus hippocastanum probieren und hat oft
größeren Erfolg.

Schöne, glatte Haut
ein Leben lang

Mit Homöopathie können wir zwar auf
Dauer schlaffere Haut und Falten nicht
verhindern, aber wir können einen
durch Krankheit verursachten beschleu-
nigten Alterungsprozess wieder ver-

▲ Das „Geheimnis" von Attraktivität ist
eine positive Lebenseinstellung.

langsamen und manche Veränderungen
wieder rückgängig machen. Schönheit
kommt letztlich von innen und über-
strahlt Äußerlichkeiten. Eine gesunde
Lebenseinstellung bewirkt hier viel
mehr als hohe Schuhe, sexy Kleidung,
kosmetische Maßnahmen und Operationen. Gut gewählte homöopathische
Konstitutionsmittel verhelfen ein-
drucksvoll zu einer positiven Grund-
haltung dem Leben gegenüber. Ein von
Schwermut befreiter Mensch, der sich
wohl fühlt und seine Sinnlichkeit lebt,
bleibt in jedem Lebensalter attraktiv.

Konstitutionsmittel wecken die Lebenskraft, jene Energie, mit der das Gewebe wieder stärker durchblutet und vitaler wird. Je besser dies gelingt, desto „jünger" und attraktiver wirken wir dann auch auf unsere Mitmenschen.

▌ Falten: Wählen Sie je nach den weiteren Symptomen eines der folgenden Homöopathika und nehmen Sie 1 × wöchentlich 5 Kügelchen einer C30 über 6 Monate.

▌ Silicea: Jahre der Anstrengung können zu einer Überlastung des Gewebes und Verarmung an diesem Vitalstoff führen. Deshalb würde es wahrscheinlich jedem Menschen guttun, in der zweiten Hälfte seines Lebens einmal eine Kur mit diesem Mittel zu machen, denn es verleiht unserem Gewebe Straffheit und Elastizität.
▌ Natrium muriaticum: Es ist das Hauptmittel gegen Orangenhaut, diesem Mix aus Hautdellen und Schlaffheit, dem eine Verteilungsstörung von Wasser im Gewebe zugrunde liegt. Diese führt auf der einen Seite zu Wassereinlagerungen, auf der anderen Seite zu Hauttrockenheit.

Übergewicht muss nicht sein

In China soll es einmal eine besondere Schmeichelei gewesen sein, wenn einem jemand zur Begrüßung sagte: „Sind Sie aber fett geworden!" Heute würde man sicher eine andere Formulierung wählen, um jemandem für seinen Wohlstand und seine Gesundheit zu loben, denn die Frage „Hast du zugenommen?" gibt heute eher Hinweis auf eine Verschlechterung des Gesundheitszustands.

Übergewicht steht meist im Zusammenhang mit Bewegungsmangel und überreichlichem Essen und kann nur vermindert werden, wenn man den Weg zu einem aktiven Leben mit vernünftiger Ernährung einschlägt.

Aus homöopathischer Sicht ist Übergewicht aber auch das Resultat verschiedener seelischer Konflikte. Der häufigste ist das Bedürfnis, sich gegen die Welt zu wappnen, sich sozusagen einen Panzer zuzulegen. Wer sich körperlich vergrößert, wirkt auch stärker, und die Dinge kommen nicht mehr so unmittelbar an einen heran. Übergewicht kann aber auch Folge einer innerlichen Anspannung sein, beispielsweise aufgestaute Liebe, die nicht gelebt werden kann. Oder es ist Ausdruck dafür, dass man den Kampf um die Liebe aufgegeben hat und sich über den Genuss von Speisen einen Ersatz für Zärtlichkeiten holt.

Unterstützen Sie Ihre Bemühungen zum Abnehmen mit den folgenden homöopathischen Mitteln. Suchen Sie sich das Mittel aus, das am besten zu Ihnen passt, und nehmen Sie einmal 5 Kügel-chen einer C30. Wiegen Sie sich vorher und eine Woche später. Wenn Sie mehr als drei Kilogramm verloren haben, ist das *Ihr* Mittel.

> ▌ Übergewicht: Nehmen Sie drei Monate lang 1 × wöchentlich 5 Kügelchen einer C30.

▌ **Calcium carbonicum:** Es ist das Hauptmittel für Menschen, die sich gegen die Unwägbarkeiten des Lebens wappnen, da sie Schutz und Sicher-heit brauchen. Sie bauen sich ihr Heim zu einer Burg aus, verreisen nur ungern und am liebsten an einen ver-trauten Urlaubsort.

▌ **Aurum metallicum:** Dieses Mittel ist für tüchtige, tatkräftige und leistungs-fähige Menschen geeignet. Wenn diese in der Liebe gehemmt werden und sie nicht ausleben können, legen sie an Gewicht zu, weil sich in ihnen Emotionen aufstauen.

▌ **Natrium sulfuricum:** Auch diese Menschen sind tatkräftig und nehmen aus Liebeskummer zu, weil sie nicht an das Ziel kommen, das sie sich gesetzt haben. Eine gute Möglichkeit zur Unterscheidung von Aurum metallicum besteht darin, dass es bei Natrium sulfuricum immer zur Bildung von Tränensäcken unter den Augen und Schwellungen der Fuß-knöchel kommt.

▌ **Graphites:** Für dieses Mittel spricht, wenn die Gewichtszunahme durch ein ständiges Auf und Ab in der Beziehung mit vielen Unsicherheiten und Aufregungen erfolgte. Man musste sich sozusagen einen Panzer zulegen, um sich gegen diese Schwankungen abzuschotten und damit besser fertig zu werden.

Manchmal lohnt sich ein Versuch, mit Hilfe der homöopathischen Aufbe-reitung eines Nahrungsmittels den Appetit auf diese Speise zu verringern. Hier wird also nicht mehr mit „Ähnli-chem" behandelt, sondern mit „Glei-chem" – das nennt man Isopathie (iso = das Gleiche). Probieren Sie es einfach aus, ob bei Ihnen die Gelüste auf Süßes nach der einmaligen Gabe von 5 Kügelchen Chocolate C30 (Schoko-lade) oder Saccharum raffinatum C30 (Zucker) verschwinden.

▲ Die homöopathische Aufbereitung von Schokolade oder Zucker kann die Lust auf Süßes lindern.

Homöopathika bei sexuellen Störungen

Die sexuelle Vereinigung bietet – zumindest auf körperlicher Ebene – zwei Menschen die Gelegenheit zu größtmöglicher Nähe. Manchmal ist das für einen oder beide Partner mit innerlichen Widerständen behaftet. Dabei kann es zu einem Wechselspiel kommen, bei denen sich Partner gegenseitig Beschwerden oder sogar Krankheiten zuschanzen, denn diese große Nähe lässt das Gegenüber nicht unbeeinflusst. Die Folge ist eine Verunsicherung beider Partner. Auch in diesem Bereich kann man mit Homöopathika Abhilfe schaffen.

▲ Eine für beide Partner erfüllende Sexualität ist eine wichtige Grundlage für eine glückliche Beziehung.

Entzündungen

Wenn sich einer der Partner „überfordert" fühlt oder es zu einer mechanischen Überbeanspruchung des Intimbereichs kommt, kann eine Entzündung der Schleimhaut die Folge sein, was sich, besonders bei Frauen, bis zum Harnwegsinfekt verschlimmern kann.

▮ Nehmen Sie von einem der folgenden empfohlenen Mittel 5 Kügelchen einer C30.

Eine Verbesserung der Beschwerden sollte nach einer Stunde eingetreten sein.

▮ Ferrum phosphoricum: Wenn Entzündungen auftreten, sollten Sie stets zuerst an Ferrum phosphoricum denken. In diesem Mineralsalz verbindet sich das kämpferische Eisen mit dem Gefühlselement Phosphor – ein gut geeignetes Mittel, um bei einer Überbeanspruchung von Schleimhäuten Abhilfe zu schaffen, denn Eisen ist der Sauerstoffträger im Körper, und Sauerstoff jenes Element, das bei der Wundheilung am stärksten gebraucht wird.
▮ Cantharis: „Spanische Fliege", genauer gesagt: der aus ihr gewonnene Wirkstoff Cantharidin, wurde schon im Altertum als Aphrodisiakum eingesetzt. Cantharis ist besonders geeignet

bei heftig brennenden, schneidenden, fast unerträglichen Schmerzen, die nach mechanischer Überbeanspruchung des Intimbereichs auftreten und in kürzester Zeit zu einer starken Entzündungsreaktion führen.

Wenn diese Arzneien nicht zur Abhilfe geführt haben, sollten Sie einen Therapeuten konsultieren.

Unlust, Impotenz, Erektionsstörungen

Über Probleme bei den Vorgängen auf dem Liebeslager spricht keiner gern. Unsere Geschlechtsorgane sind dem Willen nur sehr eingeschränkt zugänglich, und fast jeder hat schon Situationen erlebt, in denen er eine Minderfunktion der Geschlechtsorgane als störend bis beschämend empfand.

Es soll hier also um die Fragen gehen, was man tun kann, wenn das männliche Glied nicht mehr steif oder zu schnell wieder schlaff oder die Scheide der Frau nicht mehr feucht wird oder wenn es trotz ausreichender Reizung bei einem oder beiden nicht zu einem Orgasmus kommt. Im Prinzip ist das normal, sofern es sich um vorübergehende Phänomene handelt. Kompliziert wird die Sache allerdings dadurch, dass man in diesen Situationen nicht allein ist und der Partner ein „Versagen" als Zurückweisung oder als ein Abkühlen

der Liebe empfinden kann. So wird das mangelhafte Zusammenspiel des vegetativen Nervensystems oder eine Sekretionsstörung der Drüsen zu einer Belastungsprobe für eine Beziehung.

In vielen Fällen bringt der Körper hier die Wahrheit ans Licht. Ständige Unlust ist ein Zeichen dafür, dass eine Vereinigung nicht (mehr) gewünscht wird, weil vieles in der Beziehung nicht stimmt. Ein schlaffes Glied bei der Umarmung kann heißen: Ich will dich nicht (mehr) bis ins Innerste erfahren.

Solange der Wunsch vorherrscht, ein Baby zu zeugen, treten persönliche Vorlieben und Abneigungen in der Erotik in den Hintergrund. In späteren Jahren ist Sexualität über den Fortpflanzungswillen des Menschen hinaus aber vor allem Ausdruck eines seelischen Gleichklangs, der sich äußert in freudiger Erwartung und dem Wunsch, sich schenken zu wollen. Wenn man von seinem Gegenüber seelisch ergriffen ist, ihn begehrt und ihn in Besitz nehmen oder sich ihm schenken möchte, dann funktionieren auch die Geschlechtsorgane bereitwillig.

▮ Gehen Sie in sich und finden Sie heraus, warum Sie, Ihr Partner oder Sie beide keinen Sex haben möchten oder können.

◄ Hinter „sexuellen Problemen" ver-stecken sich meist seelische Konflikte.

In jüngeren Jahren kann das daran lie-gen, noch kein oder überhaupt kein Kind zeugen oder empfangen zu wollen. In späteren Jahren kann es sein, dass man den Partner aufgrund von Enttäuschungen, die man ihm anlastet, nicht mehr als „liebenswert" empfindet. Oft hat Unlust auch gar nicht direkt etwas mit dem Partner zu tun. Manche Menschen sind von Natur aus weniger an Sexualität interessiert, andere wer-den durch Beruf oder Verpflichtungen so sehr in Anspruch genommen, dass für körperliche Intimität weder Zeit noch Kraft bleiben. Das gilt beispiels-weise häufig für Frauen, die kleine Kinder aufziehen. Sie geben dabei emo-tional so viel ab, dass sie sich leer und ausgepowert fühlen. Hier wird der Wunsch des Partners nach Sex nur eine

weitere Pflicht, die man lieber auf mor-gen verschiebt.

Die Homöopathie kann in den Fällen helfen, in denen ein seelischer Konflikt den unbewussten, selbstverständlichen Gebrauch der Geschlechtsorgane ver-hindert. Die prinzipielle Funktions-tüchtigkeit der Geschlechtsorgane muss jedoch gegeben sein.

▌ Suchen Sie sich eines der folgenden Mittel aus. Nehmen Sie morgens 5 Kügelchen einer C30 und achten Sie darauf, ob es beim nächsten Mal deutlich besser klappt.

▌ Staphysagria: Es ist das wichtigste Mittel bei Potenzstörungen, die als Folge einer Demütigung oder Kränkung auftreten. Der Partner hat einem emotional Wunden zugefügt, die man nun in der Intimität nicht vergessen kann. Körperlich kann sich dies auch darin äußern, dass sich die Schleimhäute beim Verkehr schnell entzünden.

- Natrium muriaticum: Dieses Mittel ist gut geeignet in Fällen, in denen Probleme in der Sexualität schon in der Kindheit angelegt wurden, meist durch ein problematisches Verhältnis zur Mutter. Auch bei Unlust aufgrund länger zurückliegender Kränkungen, die sich im körperlichen Bereich bei der Frau als Trockenheit der Vagina und beim Mann als Erektionsstörungen manifestieren, kann dieses Mittel helfen.
- Lac suis: Ein Hinweis auf dieses Mittel sind Angstgefühle beim Verkehr. Lac suis wird in der Homöopathie gerne bei Panikstörungen eingesetzt, die als Folge sexuellen Missbrauchs auftreten.
- Ignatia: Die Ignazbohne ist das Hauptmittel bei Liebeskummer. Dieses Mittel kann helfen, wenn man nach dem Verlust eines geliebten Partners eine neue Beziehung eingegangen ist und dabei beim Sex wenig empfindet, weil man noch trauert.
- Phosphor: Dieses Element ist leicht brennbar und gilt in der Homöopathie als Betriebsstoff des Gefühls. Es hilft bei allen seelischen Unsicherheiten und eignet sich in den Fällen, in

denen keine genaue seelische Ursache für die sexuelle Störung gefunden werden kann. Besonders geeignet ist es für Menschen, die sich davor scheuen, ihre Gefühle auszudrücken.

- Lycopodium: Dieses Mittel hilft bei vorzeitiger Ejakulation des Mannes oder bei Frauen, die so früh zum Orgasmus kommen, dass sich der Partner unter Druck gesetzt fühlt, rechtzeitig „fertig" zu werden.

- Die beiden folgenden Mittel eignen sich für eine kurmäßige Anwendung: Nehmen Sie täglich über 2 Monate 3 × 5 Kügelchen einer D4 und ziehen Sie dann Bilanz.

- Agnus castus: Diese Pflanze galt im Mittelalter als Allheilmittel bei sexuellen Problemen und war wichtiger Bestandteil von Liebestränken. Sie wuchs sogar in den Klostergärten, und der Volksmund nannte sie Mönchspfeffer. Die besten Erfolge hat es in Fällen, in denen Impotenz, Unlust oder Trockenheit der Scheide als Nebeneffekt eines allgemeinen Kräfteverfalls oder Alterungsprozesses auftreten. Beim Mann zeigt sich das Problem meist durch vorzeitigen Samenerguss.
- Hippomanes: Die Hippomanes entstehen während der Trächtigkeit von Stuten und befinden sich zusammen mit dem heranwachsenden Fohlen in der Allantoisblase. Sie dienten schon

den alten Griechen als Aphrodisiakum, insbesondere bei Impotenz aufgrund sexueller Überreizung. Offenbar brachte dies hinreichend Erfolg, sodass Hippomanes auch Eingang in den Arzneimittelschatz der Homöopathie fand. Es eignet sich bei Menschen, die sehr häufig Sex haben und sich dabei erschöpfen.

Schmerzhafter Verkehr

Suchen Sie sich von den folgenden Homöopathika eines aus, dass am besten zu Ihnen passt.

▮ Nehmen Sie 5 Kügelchen einer C30. Achten Sie darauf, ob beim nächsten Verkehr eine Besserung auftritt.

▮ Causticum: Dieses Mittel ist das wichtigste bei trockenen Schleimhäuten und wirkt am besten bei Frauen, die ihrem Partner sprichwörtlich den Eingang in ihr Inneres verwehren – auf körperlicher Ebene mit trockener Scheide oder muskulärer Verspannung, seelisch durch Groll und Ablehnung. Causticum hilft bei Menschen, die anderen ihre moralischen Vorstellungen aufzwingen und Schwierigkeiten haben, sich emotional zu öffnen.

▮ Sepia: Auch hier haben wir eine Arznei, bei der die Probleme weit über den sexuellen Bereich hinausgehen. Die Ablehnung des Partners und die daraus entstehende Unlust, sich mit ihm zu vereinigen, ist Ausdruck des Wunsches, von ihm stärker umworben zu werden. Man möchte, dass sich der Partner mehr Mühe gibt, einen romantischer zu behandeln und in „Stimmung zu bringen". Um ihm hier etwas entgegenzukommen und nachgiebiger zu werden, können Sie dieses Mittel versuchen.

▮ Zincum metallicum: Dieses Mittel hilft bei Menschen, deren seelische Erregung mit einer Neigung zu Verkrampfungen einhergeht. Dies zeigt sich beim Geschlechtsakt durch eine überhöhte Muskelanspannung mit Keuchen, ohne das ein Orgasmus eintritt.

▮ Platin: Dieses Mittel hilft gut bei Schmerzen in der Vagina oder im Penis, die bei großer Erregung entstehen. Es kommt hier zu einem Überkippen des Lustgefühls in einen scharfen Schmerz, der einen Scheidenkrampf zur Folge haben kann. Bei allen Schmerzen, die aus einem Lustgefühl heraus entstehen, und bei Neigung zu Juckreiz an den Genitalien können Sie Platin versuchen.

▮ Ferrum metallicum: Bei leidenschaftlichen Menschen, die im Bett etwas rauere Umgangsformen pflegen, lindert dieses Mittel Schmerzen, die durch Wundsein hervorgerufen werden.

Der Weg ins Glück

In diesem Kapitel beschäftigen wir uns mit der Seele, mit Seelenverwandtschaften und wie die Kenntnis dieser Verwandtschaften hilft, den richtigen Partner, Liebe und Glück zu finden. Auch hierbei kann uns die Homöopathie auf unserem Weg unterstützen.

Die Liebe ist eine Himmelsmacht ...

Wir haben in diesem Buch den Geist als etwas kennen gelernt, das wir als Charakter oder als unsere Anlagen bezeichnen. Wir haben über den Körper gesprochen, der unser Innenleben widerspiegelt. Wenden wir uns nun der Seele zu.

Die Seele kann man nicht sehen, aber sie wird indirekt sichtbar. Sie zeigt sich beispielsweise dann, wenn ein Patient zu weinen beginnt, wenn er über seine körperlichen Symptome spricht. Die Seele ist die Kraft, die uns einem bestimmten Ziel entgegenträgt und die sich hierzu unseres Körpers bedient. Eine Mutter versorgt ihr Kind trotz unerträglicher Rückenschmerzen. Der Firmenleiter, dessen Betrieb in Gefahr ist, arbeitet trotz des immer schlimmer werdenden Zwickens im Magen. Die an finanzieller Absicherung interessierte Ehefrau, den Launen ihres Mannes ausgesetzt, schweigt, auch wenn sie heftige Kopfschmerzen plagen. Die Motive, die hinter diesen Verhaltensweisen stecken, sind mal mehr, mal weniger selbstlos und edel. Oft geht es um das eigene Überleben und das Überleben der Men-

schen, die man liebt, manchmal auch um Anerkennung, Erfolg oder Macht.

Besonders im Bereich der Liebe treibt uns eine Kraft voran, eine „Himmelsmacht", die das Hervorbringen von neuem Leben und die Fürsorge für die Mitmenschen zum Ziel hat. Hierfür suchen wir uns einen Partner, von dem wir glauben, dass er uns auf diesem Weg begleiten kann.

Wie man so einen Partner findet? Zuerst erkenne man sich selbst, seine Wünsche, seine Ziele, seinen Weg. Und dann wähle man sich einen Partner aus, dessen Grundanlagen erkennen lassen, dass er einen ähnlichen Weg gehen will. Wir kommen hier also unweigerlich zum Ähnlichkeitsprinzip und dem Gedanken, dass man einen Menschen wählen sollte, der wie eine homöopathische Arznei auf einen wirkt: einen anregt, Potenziale weckt und auf „den Weg bringt". Homöopathie kann über das Konstitutionsmittel das wahre Ich, die Wurzel des Menschen, zum Vorschein bringen – seine Seele. Dies kann auch durch die Liebe geschehen.

Die Seele als Wegweiser

„Seele" – das ist keine Erfindung der christlichen Kirche. Bereits im alten Ägypten kannte man eine „Ur-Seele" die in Gestalt eines Vogels, des Phönix, dargestellt wurde. Dieser Vogel ist unsterblich. Zwar altert er, doch alle 500 Jahre steigt er nach seinem Feuertod wie neugeboren und verjüngt aus der Asche. Auch die Seele des einzelnen Menschen wurde im alten Ägypten als Vogel dargestellt, der den Toten verlässt, um tagsüber der Sonne zu folgen und nachts in der Unterwelt wieder in den Körper des Verstorbenen zurückkehrt. Dieses Bild deutet die Verbindung der Seele des sterblichen Menschen mit der des unsterblichen Phönix an.

Im Bild der „Schicksalsseele" wird die Seele als Begleiterin des Menschen charakterisiert, die in ihm wirkt und seine Geschicke lenkt, oft ohne Rücksicht auf seine Gedanken oder Gefühle. Diese Schicksalsseele ist immer dort, wo der Mensch in seinen Träumen ist, und kehrt erst im Moment des Erwachens in den Körper zurück.

Eng mit dem Gedanken verknüpft, dass die Seele den Körper im Moment des Todes oder im Traum verlässt, ist das Konzept der Wiedergeburt. Im 4. Jahrhundert vor Christus schrieb Platon, die Seele gehe durch viele Körper und suche sich dabei immer jenen, der ihr am angemessensten sei. Ein Tyrann werde als Wolf oder Geier wiedergeboren, ein arbeitsamer Mensch als Biene oder Ameise. Nach Ablauf einer Frist von 10000 Jahren kehre die Seele dann in den Schoß der Gottheit zurück. Auch im Judentum zur Zeit Christi glaubte man, es gebe Seelen nur in beschränkter Anzahl, weshalb sie immer wiedergeboren werden müssten, bis sie am Tag der Auferstehung gereinigt in die Leiber der Gerechten im Gelobten Land zurückkehren könnten.

Daneben gibt es die Vorstellung, dass sich die Seele bei ihrer Wanderung durch die verschiedenen Leben Begleitung sucht in Form von Gleichgesinnten. Das kann sich ganz einfach darstellen, beispielsweise in dem Bedürfnis nach einem starken Beschützer oder auch als Suche nach jemandem, der wie ein Schlüssel das Schloss zum Inneren aufschließt, neue Welten eröffnet und zum Glück hinführt – dem Ort, an dem alle Träume wahr werden und zu dem die Schicksalsseele hinstrebt. Diese Unterstützer und Weggefährten sind die Partner, die wir uns im Leben aussuchen.

Die 12 Archetypen der Liebe

Der Psychoanalytiker Carl Gustav Jung (1875–1961) prägte den Begriff „Archetyp" für Urbilder der Seele, die man in vielen Kulturen finden könne. Auch bei der Liste der wichtigsten Homöopathika für jeden Typ kristallisieren sich einige Typen heraus, die „Urbilder" darstellen, Grundformen, auf die sich andere Mittel zurückführen lassen. Archetypen bilden die tiefere Schicht anderer Konstitutionen. Beispielsweise kann man bei einem jungen Coffea-Typ davon ausgehen, dass er in späteren Jahren Phosphor oder Silicea brauchen wird.

Die folgende Auswahl zeigt Persönlichkeiten, die uns heutzutage häufig begegnen. Wenn wir sie uns genauer betrachten, hilft uns das, Eigenschaften, Stärken, Schwächen und Bedürfnisse möglicher Partner zu verstehen. In diesem Kapitel werden wir genauer betrachten, welcher Bestimmung die „Seele" einiger wichtiger Mittel zustrebt und wie sich die Bestimmung verschiedener Menschen miteinander verknüpfen lassen. Das gibt Aufschluss darüber, warum manche Beziehungen gut funktionieren und andere nicht.

„Wahlverwandtschaften"

Johann Wolfgang von Goethe verglich in seinem Roman „Die Wahlverwandtschaften" die Anziehungskraft von Menschen aufeinander mit den chemischen Eigenschaften und Reaktionen von Mineralien. Goethe glaubte, dass die Verfasstheit eines Menschen seine Gefühlsreaktionen bestimmt – auch und gerade bei der Liebe und den Beziehungen, die er mit anderen Menschen eingeht. Auch Samuel Hahnemann und seine Nachfolger forschten intensiv über Verwandtschaftsbeziehungen zwischen den homöopathischen Arzneien, ihren

gegenseitigen Unverträglichkeiten sowie ihren Fähigkeit, gegenseitige Wirkdefizite auszugleichen.

Dass sich Arzneimitteltypen auch dafür eignen, Ähnlichkeiten zwischen Personen zu finden, ist die Errungenschaft „moderner" Homöopathen wie der amerikanischen Ärztin Catherine R. Coulter oder des griechischen Ingenieurs und Pioniers der neuen Homöopathie, Georgos Vithoulkas. Sie beschrieben Arzneimittelbilder wie Menschen und lösten damit eine Revolution

Akut und chronisch – die zwei Gesichter eines Menschen

Homöopathen machen sich die beiden „Gesichter" eines Menschen, den „chronischen" und den „akuten" Zustand, seit Jahrhunderten bei der Behandlung von Krankheiten zunutze. Sie wissen zum Beispiel, dass ein Calcium-carbonicum-Typ im fiebrigen Zustand mit schweißnassem Kopf, geröteten Wangen und Verwirrtheit in ihrer Praxis auftaucht und dann Belladonna braucht. Oder dass ein ruhiger, beherrschter Natrium-muriaticum-Typ bei Liebeskummer, also im Akutzustand, so heftig und leidenschaftlich reagieren kann, dass er mit Ignatia besser bedient ist. Oder dass die kühle Intellektuelle Sepia, die ihr Leben im Griff hat, bei Überbeanspruchung ungeduldig und hektisch wird und dann Nux vomica benötigt. Auch in der Liebe hat ein Mensch zwei Gesichter: So, wie er sich präsentiert, wenn eine Beziehung im ruhigen Fahrwasser verläuft, und so, wie er sich in Krisensituationen verhält.

aus. Seither wird von den meisten Homöopathen anerkannt, dass sich die Ähnlichkeit eines Arzneimittels nicht nur auf körperlicher, sondern auch auf geistiger und seelischer Ebene beschreiben lässt und deshalb auch für psychologische Studien geeignet ist. Allerdings gerät die Homöopathie hier in einen Bereich, in dem Interpretationen mitunter weit von einander abweichen. Wo der eine unter „Sepia" die überlastete Hausfrau mit dunklen Haaren, grimmiger Miene und Neigung zu Oberlippenbart versteht, die herrisch Mann und Kinder maßregelt, sieht der andere darin die elegante, modebewusste und gefühlskühle Karrierefrau, die ein Leben lang bindungsunfähig bleibt. Beides sind jedoch Manifestationen desselben Typs, bei dem die Gabe von Sepia C30 überschießende und krankhafte Entwicklungen mildern kann.

Eine wichtige Frage ist nun, ob dominante, extrovertierte, bestimmende Menschen mit zurückhaltenden introvertierten, nachgiebigen langfristige Beziehungen eingehen können. Oberflächlich betrachtet, zweifelsohne – jeder kennt in seinem Umfeld Beispiele von Paaren, bei denen der eine den Fels in der Brandung darstellt, der dem anderen Halt gibt. Oder der eine schüchtern und verschlossen ist und der andere das mit seiner Kontaktfreudigkeit ausgleicht. Allerdings besteht die Gefahr, dass in solchen Beziehungen über kurz oder lang ein Ungleichgewicht auftritt und ein Partner den anderen dominiert und dessen Entwicklung und Wohlbefinden hemmt. Auf lange Sicht passt Ähnliches besser zu Ähnlichem – wie in der Homöopathie.

Zurückhaltende Archetypen

Diesen Arzneimitteltypen gemeinsam sind die Achtung vor der Persönlichkeit des Partners und eine Zögerlichkeit, in deren Leben verändernd einzugreifen. Untereinander führen sie rücksichtsvolle Beziehungen, deren Kehrseite sich in einer gewisse Distanziertheit und Entfremdung zeigen kann. In Verbindung mit einem dominanten Partner geraten sie sehr leicht in eine Opferrolle und werden krank, wobei dann die Einnahme des homöopathischen Mittels sehr häufig die Beschwerden zwar lindern, aber selten völlig beheben kann – der beste Regenschutz hilft nichts, wenn man von einem Zug überrollt wird … Auf Seite 132 f. werden einige Paarungen zurückhaltender Archetypen vorgestellt, in denen eine sehr große Harmonie erreicht wird.

Natrium muriaticum – der verständnisvolle Arbeiter

Vorwiegend für Männer

▮ Seelenbestimmung: Sich im Leben durch Leistung behaupten.

Menschen, die sich für diesen Typ interessieren, werden von seiner Sensibilität angezogen. Er ist ein sehr guter Zuhörer, er kann einen ganz tief verstehen und entwickelt im Laufe des Lebens eine erhebliche Menschenkenntnis. Hinzu kommt, dass er sehr leistungsorientiert und deshalb meist im Beruf sehr erfolgreich ist. Er will Leistung bringen und fühlt sich nur wohl, wenn er das auch tun kann. Im Urlaub beispielsweise wird ein Natrium-Typ, sobald er sich einigermaßen erholt hat, schon wieder etwas arbeiten wollen oder mindestens den Urlaub dazu nutzen, „innerlich weiterzukommen" oder etwas zu lernen.

▮ Führende Homöopathen sind der Meinung, dass im fleißigen Deutschland, dem Exportweltmeister, 30 bis 50 Prozent Natrium-Typen leben.

Die Natrium-Ionen in unserem Organismus schleusen unermüdlich Flüssigkeit von einem Gewebe ins andere und erhalten so die Lebensfunktionen. Analog dazu fühlen sich Natrium-Typen nur wohl, wenn sie in einer Partnerschaft eine wichtige Aufgabe erfüllen können, so zum Beispiel als Ernährer der Familie oder als Mentor für Berufswünsche des Partners. Darüber hinaus sind fast alle Menschen mit dieser Konstitution musisch begabt, singen in ihrer Freizeit in einem Chor oder spielen Klavier. Sie verstehen durchaus etwas von Kunst und können als Schriftsteller oder Komponisten Großes leisten. Ihre Einfühlsamkeit bewirkt, dass man unter ihnen auch relativ viele Gesprächstherapeuten findet.

Äußerlich sind Natrium-Typen eher blass und von kompakter Figur. Sie kleiden sich schlicht und in eher gedeckten Farben. Ein typischer Hinweis ist die Art und Weise, wie ein Schnupfen bei ihnen verläuft: Wenn zu Beginn wässrig-dünnes Sekret aus der Nase fließt, bevor sich dann gelblicher Schleim bildet, handelt es sich wahrscheinlich um einen Natrium-Typ. Auch ein in der Jugend niedriger Blutdruck und Kreislaufprobleme sind Hinweise.

Als Jugendlicher ist der Natrium-Typ schlank und hat einen schmalen Kopf, im mittleren Lebensalter wird nicht nur der Kopf immer runder, und der Blutdruck bei Stress und Belastung erhöht sich deutlich. Aufregung bewirkt dann Harndrang mit erhöhter Urinausscheidung.

Ein weiteres Leitsymptom ist ein in der Jugend äußerst belastbarer Magen, bei dem sich jedoch um das 30. Lebensjahr herum eine Neigung zu Sodbrennen entwickelt; nach dem 40. Lebensjahr können sogar Nahrungsmittelallergien auftreten. Bei Hitze oder nach längerem Sitzen sind die Füße und die Knöchel geschwollen. Um das 50. Lebensjahr herum gipfeln die drückenden Herzschmerzen nicht selten in einem Herzinfarkt, Auslöser hierfür ist häufig eine Kündigung. Für Natrium-Typen gibt es fast nichts Schlimmeres als Arbeitslosigkeit, und wenn jemand kurz nach seiner Pensionierung verstorben ist, liefert dies ebenfalls einen Hinweis auf Natrium muriaticum.

Der Natrium-Typ in der Partnerschaft

Als Partner bringt er Ruhe und Feinfühligkeit in die Beziehung. Er gilt als Fels in der Brandung und als sehr verlässlich. Die Ruhe ist jedoch auch eine Form der Teilnahmslosigkeit, denn Natrium gibt meist nicht viel auf die kleinen, erfreulichen Dinge, mit denen das Leben erträglicher wird. Sie sind in ihren Gefühlen sehr ernsthaft und tiefgründig, können gut zuhören und das Gefühl vermitteln, den anderen wirklich zu verstehen. Schwieriger fällt es ihnen, diesen Gefühlen Ausdruck zu verleihen. Bei Zärtlichkeiten in der Öffentlichkeit fühlen sie sich unwohl, und je tiefer sie ihre Liebe empfinden, desto schwieriger ist es für sie, auch „Ich liebe dich" zu sagen. Die Beziehung zur Mutter ist meist gespannt, und doch herrscht eine große Sehnsucht nach „mütterlichem" Schutz und Geborgenheit durch den Partner.

Liebe ist für Natrium-Typen etwas „Heiliges", über das aus Ehrfurcht geschwiegen werden sollte. Das zeigt sich im Bereich der Sexualität beispielsweise darin, dass sie zwar zärtliche, feinfühlige Liebhaber sind, jedoch keinen Ton hören lassen, ob ihnen gefällt, was sie gerade empfinden, oder nicht. Wer ähnlich schwingt und auf Hinweise

Gut zu wissen

So ist der Natrium-Typ

- Ruhig und einfühlsam
- Rastlos, wenn er untätig sein muss
- Mag das Meer, Windsurfen und Segeln
- Ungeschickt – stößt mit dem Bein gegen den Tisch, verschüttet Getränke
- Mag Saures und Bier
- Milch, Brot und Kaffee werden schlecht vertragen
- Furcht vor seelischen Verletzungen und davor, die Selbstkontrolle zu verlieren
- Beschwerden bessern sich durch Schwitzen und Fasten und verschlechtern sich durch kaltes, feuchtes Wetter
- „Schlechte" Tageszeit (Unwohlsein, Müdigkeit, Abgespanntsein): 9–11 Uhr

nicht angewiesen ist, wird dabei nichts vermissen. Diese Überhöhung der Liebe erklärt auch, warum Natrium muriaticum bei Liebeskummer völlig aus der Bahn geworfen wird und für ihn bei Untreue oder Verlassenwerden eine Welt zusammenbricht. Natrium-Typen vergessen nichts, nicht die kleinste Ungerechtigkeit, die man ihnen zugefügt hat.

Der Natrium-Typ und sein Akutmittel
In den meisten homöopathischen Beschreibungen gilt Ignatia als

Akutmittel für Natrium muriaticum, und tatsächlich hat man damit bei schweren Beziehungsproblemen auch Erfolg. Hinweise, dass Igantia gebraucht wird, sind völlige Verstörtheit (der Betroffene weiß nicht mehr, wer er ist und was er wirklich will) sowie die Neigung, alte Kränkungen zu schildern, die der Partner vor langer Zeit zugefügt hat. Sie halten sich dann innerlich mehr bei diesen vergangenen Geschehnissen auf und können sich gar nicht mehr den gegenwärtigen zuwenden.

Phosphorus – der liebeshungrige Gefühlsmensch
Vorwiegend für Frauen

- Seelenbestimmung: Von allen geliebt werden.

Dieses Mittel heißt in der Homöopathie auch der „Lichtbringer" – und das zu Recht. Wer einmal bei einer ausgelaugten, ausgepowerten Frau erlebt hat, wie sie durch Phosphor zu einem strahlenden Sonnenschein wurde, der alle durchwärmt, die ihm begegnen, kann ermessen, wie grau und kalt die Welt ohne Menschen mit einer Phosphorkonstitution wäre.

Phosphor strebt auf die Bühne, ins Fernsehen oder in einen künstlerischen Beruf wie Designer oder Innenarchitekt. Werden sie von einem starken Partner erobert, können sie sich aber auch schnell damit abfinden, „die Frau an seiner Seite" zu sein. Kriterien wie Leistung, Durchsetzungskraft, bahnbrechendes Talent findet man bei Phosphor-Typen nur selten, aber das nimmt man ihnen nicht übel, denn sie bringen gute Stimmung und Lebensfreude mit und können im günstigen Fall zur „Seele der Kompanie" werden.

Menschen, die Phosphor brauchen, sind eher schlank und auf kindliche Weise hübsch, haben häufig helle Haut und helle Haare. Körperliche Beschwerden sind beispielsweise Magenschmerzen ganz oben im Bereich des Schwertfortsatzes. Oft besteht die Unmöglichkeit, auf der linken, der Herzseite, zu liegen. Dies zeigt, wie groß die Verwandtschaft zwischen dem Herzen, dem Lebensmotor des Körpers, und dem Gefühlsmotor Phosphor ist. Knochenschmerzen und allgemeine körperliche Schwäche, die als Leere im Kopf-, Brust- oder Bauchraum empfunden wird, sind ebenfalls körperliche Hinweise. Besonders dramatisch sind hellrote Blutungen aus der Nase oder dem Darm. Schießt das Blut bei der Menstruation regelrecht hervor, geschieht dies meist als Reaktion auf eine seelische Kränkung.

Der Phosphor-Typ in der Partnerschaft
Dieser Typ ist lieb, mitfühlend, leicht begeisterungsfähig und kann sich mit dem anderen mitfreuen. Dabei wirkt er arg- und absichtslos, mitunter aber merkt man, dass er dabei nicht ganz selbstlos ist.

▮ Den Phosphor-Typ treibt der Wunsch an, geliebt zu werden. Ein kühler oder sogar negativ gestimmter Partner kann hier zerstörerisch wirken.

Die Kehrseite dieses Mittels ist, dass Phosphor die eigenen Fähigkeiten und Leistungen gern überschätzt, Wissen vorflunkert und Gefühle im Überschwang darbietet, ohne ihnen Dauer verleihen zu können. Das alles durchaus unschuldig, das Flatterhafte ist bei Phosphor nicht Programm, sondern Treibstoff zum Leben, und was dabei zustande kommt, ist Licht, Luft, Farbe,

Gut zu wissen

So ist der Phosphor-Typ

▮ Angenehme Wesensart, die bei jedem gut ankommt
▮ Eitel und etwas putzsüchtig
▮ Musisch begabt
▮ Guter Geschmack mit dem Hang zu „Grellem"
▮ Mag Salziges und Würziges
▮ Mag kein Obst und keine Tomaten
▮ Fürchtet sich vor dem Alleinsein
▮ Beschwerden bessern sich durch Zuwendung und durch Liegen auf der rechten Seite, sie verschlechtern sich bei Gewitter
▮ „Schlechte Tageszeit": 18–22 Uhr

Duft. Der Phosphor-Typ braucht einen Partner, der ihm Halt gibt, sonst verglüht die Silvesterrakete am Boden, ohne dass ihr Feuerwerk zur Geltung kommt.

Der Phosphor-Typ und sein Akutmittel

Ein häufiges Akutmittel für Phosphor-Typen ist Bryonia alba, die Weiße Zaunrübe. Es wird gebraucht, wenn sich Phosphor-Menschen vor unauflösbare Aufgaben gestellt sehen und nicht wagen, ihre Hilflosigkeit zuzugeben. Leitsymptome für dieses Mittel sind stechende Schmerzen, die nur erträglich werden, wenn der Körper völlig bewegungslos bleibt und eine Art Schreckstarre einnimmt. Zu Bryonia gehört auch die vermehrte Abgabe von Flüssigkeit in Körperhöhlen, zum Beispiel in das Lungenfell bei einer Pleuritis oder in Gelenkräume als Gelenk- oder Sehnenscheidenentzündung.

Barium carbonicum – der bodenständige Spätstarter

Vorwiegend für Männer

▌ Seelenbestimmung: Ein einfacher Arbeiter im Weinberg des Herrn sein.

Dieser Typ weckt das Interesse für eine Partnerschaft durch seine Bodenständigkeit und Verlässlichkeit. Er vermittelt dem Partner das Gefühl von Ehrlichkeit und Treue, und tatsächlich lässt sich mit ihm eine Verbindung eingehen, die über Jahrzehnte hält und nur durch den Tod gebrochen werden kann.

Dieses mineralische Mittel gehört zu den wichtigsten homöopathischen Arzneien. Barium-Typen sind die „Durchschnittsmenschen", denen man im Alltag begegnet, beispielsweise der „Mann auf der Straße". Sie verfügen in allen Bereichen über die Grundausstattung, die man zum Leben braucht. Nach Schule und Lehre arbeiten sie in einfachen Berufen als Angestellte oder Arbeiter. Sie kleiden sich schlicht, halten sich für nichts Besonderes, sind bescheiden und anspruchslos. Sie achten wenig auf ihre Figur, und ihre bereits in der Jugend etwas rundliche Figur wird mit zunehmendem Alter noch fülliger, aber sie werden nie wirklich dick. Sie sprechen eine einfache, gerade Sprache, und ihr Leben verläuft ohne große Höhen oder Tiefen. Sie sind oft etwas vorsichtiger und ängstlicher als andere und weigern sich regelrecht, nach den Sternen zu greifen, sich in den Mittelpunkt zu stellen oder nach dem Glück zu suchen. Dies hat seine Ursache in dem Empfinden, immer noch Kind in einer fremden und bedrohlichen Erwachsenenwelt zu sein. Sie würden es sich nie zutrauen, in dieser großen Welt mitzuspielen, und deshalb verzichten sie von vornherein darauf.

Stärken des Barium-Typs sind seine Anhänglichkeit, seine Treue und Arglosigkeit. Es sind liebe Menschen, die nach einem Streit rasch bereit sind, nachzugeben. Im Hintergrund steckt aber Angst vor der großen, weiten Welt, eine Form der Unreife. Alles, was über das Bekannte hinausgeht, macht ihnen Angst und wird von ihnen am liebsten verdrängt. Kaum gibt man ihnen Barium carbonicum, werden sie selbstbewusster, nehmen ab, kleiden sich sorgfältiger und beginnen, sich die Frage zu stellen: Was will ich eigentlich? Wo will ich hin? Die Ängste lassen spürbar nach, sie trauen sich mehr zu, denn es ist durchaus ein Potenzial vorhanden, es den Erfolgreicheren nachzutun. Was sie zurückgehalten hat, es ihnen gleichzutun, war die Empfindung ihres Unvermögens, ihr Mangel an Selbstvertrauen.

Der Barium-Typ in der Partnerschaft

Barium-Typen sind häuslich, verlässlich, fleißig und pflichtbewusst. Sie wollen ein einfaches, klares Leben mit Partner und Kindern in einem Heim, wie es viele haben, denn ihr oberstes Ziel ist es, dazuzugehören. Sie wählen sich oft schon in jungen Jahren einen Partner aus, den sie meist ein Leben lang an ihrer Seite haben, denn der Ehrgeiz und die Initiative, sich einen „Traumpartner" zu suchen und sich dabei ordentlich anzustrengen, fehlt ihnen. Aufgrund ihrer Ängste suchen sie häufig einen

> ## *Gut zu wissen*
>
> ## So ist der Barium-Typ
>
> - Langsam im Sprechen und im Denken
> - Zögerlich und ängstlich allem Neuen gegenüber
> - Heimatverbunden und treu
> - Liebeswürdig im Umgang mit Kindern
> - Widerwille gegen Obst
> - Beschwerden bessern sich durch kalte Gerichte, warmes Einhüllen und durch Alleinsein, sie verschlechtern sich durch feuchte Kälte und in Gesellschaft.
> - „Schlechte Tageszeit": 6–9 Uhr

Partner aus, der sich um sie kümmert, für sie entscheidet und zu dem sie in Abhängigkeit geraten können. Sie lassen sich vom Partner dann jede Menge Kritik gefallen, denn er bestimmt die Bahnen, in denen ihr Leben verläuft. Der Partner nimmt die Rolle der Eltern ein, deren Einfluss man gar nicht entkommen möchte.

Der Barium-Typ und sein Akutmittel

Ein häufiges Akutmittel ist Apis, es kommt dann zum Einsatz, wenn der Barium-Typ andere allzu sehr um ihre Erfolge beneidet und eifersüchtig auf ihr Glück ist, weil er sich nicht im Stande fühlt, es ihnen nachzutun. In diesem Stadium kommt es sehr häufig zu Kopfschmerzen und Schwellungen im Bereich von Hals, Schultern oder Armen. Seelisch wird der sonst eher ausgeglichen und freundlich wirkende Barium-Typ dann misslaunig und sitzt da, im Groll versunken.

Thuja – der misstrauische Zerbrechliche
Vorwiegend für Männer

▌ Seelenbestimmung: Sich die Achtung der Mitmenschen erhalten.

Wer sich von diesem Typ angezogen fühlt, sucht Sicherheit und Verständnis für seine eigenen Schwächen. Thuja, der Lebensbaum, steht für Menschen, die sich der Flüchtigkeit und der Gefahren des Lebens bewusst sind. Sie empfinden die Stromschnellen des großen Flusses Leben intensiver als andere und verstehen es, diesen Gefahren vorzubauen, indem sie vorsichtiger sind als andere und eigene Schwächen, die sie angreifbar machen könnten, möglichst verschleiern. Sie kennen sicher Thujenhecken, diese dichten lebenden Zäune, deren Hauptaufgabe es ist, Leben und Besitz von Menschen in Vorstädten gegen den Blick von außen abzuschirmen. Wer solche Thujenhecken errichtet und mit Akribie pflegt, ist schon verdächtig, dieses Mittel zu benötigen.

▌ Thuja-Typen halten gerne ihre Schwächen und Eigentümlichkeiten

geheim. Damit wirken sie weit stärker und mächtiger, als sie wirklich sind.

Sie sind sehr auf ihr Ansehen bedacht und haben große Angst, dass sie durch unbedachtes Handeln ihren guten Ruf verlieren könnten. Diese etwas kleinlaute Haltung betrifft auch den körperlichen Bereich. Sie verausgaben sich körperlich nicht gern, weil sie dabei Schaden an ihrer Gesundheit nehmen könnten. Und so entwickelt sich eine Tendenz, jeden Mangel oder jedes Unvermögen zu verheimlichen. Thuja-Typen sprechen ungern über sich selbst, und wenn sie es tun, dann achten sie sehr auf ihre Worte, denn sie wollen nichts verraten, was ihnen schaden könnte.

Einen großen Vorteil aber hat diese Konstitution für den Partner: Diese Menschen verstehen, dass das Leben nicht nur eine große Party ist. Sie nehmen Rücksicht auf die Schwächen des anderen und wissen auch finanziell vorzusorgen, weshalb sich Thuja-Typen sehr gut zur Familiengründung eignen. Es sind verantwortungsbewusste Eltern, die ihren Kindern jene stabilen Verhältnisse bieten, die sie zu ihrer Entfaltung brauchen. Gerade in einer auf konservative Werte bedachten, ländlichen Gegend finden sich ausgesprochen viele Menschen mit dieser Konstitution, und dort ist es charakteristisch, dass sie sich an den Glauben anlehnen, denn er gibt ihnen den Halt, den sie brauchen.

Körperliche Zeichen, dass dieses Mittel gebraucht wird, sind zahlreiche Hautanhängsel und Warzen, reichlicher Schweiß mit saurem Geruch, und weitere im Übermaß produzierte Körpersekrete. Bei hohem Fieber oder schweren Erkrankungen können sie das Gefühl entwickeln, der Körper oder einzelne Gliedmaßen bestünden aus Glas und könnten zerbrechen.

Der Thuja-Typ in der Partnerschaft

Es sind Menschen, die mit Geld umgehen können, Rücksicht nehmen und Wert auf Moral und gute Umgangsformen legen. Sie werden bei einem Partner, den sie sich einmal erwählt haben, vorzugsweise ein Leben lang bleiben – manchmal aber auch nur, um sich durch Liebesaffären oder Scheidungen keine Blöße vor der Gesellschaft zu geben. Sie werden in der Partnerschaft auf Konformismus drängen, vielleicht sogar auf bedingungslosen Gehorsam, und bei Widerstand Ideen, die ihren eigenen Ansichten und Werten widersprechen, gern als Hirngespinste abtun.

Der Thuja-Typ und sein Akutmittel

Menschen, die auf Konventionen keine Rücksicht nehmen, werden von Thuja-Typen misstrauisch beäugt und dabei im Bewusstsein, zur gesellschaftlich

größeren Gruppe zu gehören, auch entschieden bekämpft. Wenn Thuja bei Auseinandersetzungen unter Druck gerät, wechselt er in sein häufiges Akutmittel, Arsenicum album, und kann dabei kühl und berechnend wirken. Eine klassische Situation: Der unberechenbare Teenager, der zu Hause alles in Frage stellt, sich an keine Regeln hält und jede Menge Unruhe in die Familie bringt, wird von seinem Thuja-Vater kein Verständnis erhalten, denn alles, was diesem gefährlich erscheint, wird negiert, Fakten werden abgestritten, Familiengeheimnisse verschleiert. Das kann im Extremfall so weit gehen, dass das Kind zuletzt sogar verstoßen wird.

Gut zu wissen

So ist der Thuja-Typ

- Verlässlich und treu gegenüber Gleichgesinnten
- Verschwiegen und verschlossen gegen Außenstehende
- Ängstlich um Wahrung seines Ansehens bemüht
- Streng und unbeirrbar in der Partnerschaft
- Salzt Essen gerne nach
- Liebt Wind und Wärme
- Beschwerden verschlechtern sich durch Fettes und Süßes, Kaffee, Kälte und Feuchtigkeit, es besteht jedoch Verlangen nach kalten Getränken
- „Schlechte Tageszeit": 0–4 Uhr

Staphysagria – die empfindliche Schöne
Vorwiegend für Frauen

▌ Seelenbestimmung: Die eigene Ehre bewahren.

Staphysagria, der Rittersporn, trägt an seinen blauen Blüten einen spitzen, gekrümmten Dorn. Diese Auffälligkeit führte schon im Mittelalter, als man aus der Form einer Pflanze auf ihre Heilwirkung schloss, zur Verwendung von Staphysagria als Heilkraut bei Verwundungen. Auch die homöopathische Verwendung ist offenbar von der Gestalt des Dorns abgeleitet, denn man nutzt Staphysagria in niedrigen Potenzen bei Verletzungen durch spitze Gegenstände, weshalb es auch das am häufigsten eingesetzte Mittel nach Operationen ist. In Hochpotenz gehört Staphysagria zu den effektivsten und wichtigsten Arzneien der Homöopathie überhaupt und kommt vor allem bei Frauen zum Einsatz.

Im Normalzustand ist Staphysagria sanft, liebenswürdig, von feiner, angenehmer Wesensart, was auf Ehrgefühl, Anstand und Würde basiert. Nun versteht man auch, dass unsere Vorfahren den Dorn der Blüte mit dem Ritter in Verbindung brachten, der einem strengen Verhaltenskodex folgt, in dessen Mittelpunkt die Ehre steht. So ist es auch typisch für die aufgebrachte

Staphysagria, dass Wut und Zorn Ausdruck gekränkter Ehre sind und sie fassungslos darüber ist, wie mit ihr umgegangen wurde. Selten sieht man übrigens Staphysagria so aufgebracht wie nach Operationen, die zwangsläufig die Unversehrtheit des Körpers beeinträchtigen.

Es sind Menschen mit einer ausgesprochenen Sensibilität, die jeden Reiz stärker empfinden als andere und deshalb sowohl im Bereich der Sexualität als auch im sonstigen Leben auf einen steten Strom von Streicheleinheiten angewiesen sind, mit denen sie die Missliebigkeiten des Alltags ausgleichen können. Sie haben einen ausgeprägten Sinn für Schönheit und schmücken gerne sich und ihre Umgebung. Es ist ihnen sehr wichtig, immer eine gute Figur abzugeben, und sei es nur, um damit das Leben besser ertragen zu können. Alles „Primitive" dagegen ist für sie abstoßend und wird mehr oder weniger rigoros abgelehnt. Dagegen gefällt es Staphysagria, an der Seite eines bewunderten Partners zu leben, mit ihm Feinsinniges wie die Liebe zur klassischen Musik zu teilen und ein geachtetes und geschätztes Mitglied der Familie und der Gemeinde zu sein. Durch ihr elegantes Auftreten, die meist schlanke und angenehm anzuschauende Gestalt, die geschmackvoll zurückhaltende Kleidung sind diese Menschen bestens geeignet, als Schirmherrin für eine angesehene Institution oder als Vorsitzende eines Vereins aufzutreten.

Der Staphysagria-Typ in der Partnerschaft

Staphysagria verschweigt ihre eigenen Wünsche und macht ein Problem lieber mit sich selbst aus. Sie wird sich auf diese Weise darüber klar, wie sie mit dem Problem in Zukunft umgehen wird – und der Partner erfährt davon überhaupt nichts. Nach einer heftigen Auseinandersetzung läuft sie lieber davon, um danach zitternd und völlig erschöpft zurückzukehren, doch was ihr dabei durch den Kopf ging, weiß nur sie selbst. Es dauert eine Weile, bis der Partner erkennt, dass ihr Nachgeben bei einer Auseinandersetzung nicht ganz ernst gemeint war und zu einem falschen Kompromiss geführt hat. Schon die geringste Handlung, ein unbedachtes Wort, kann sie zutiefst verletzen. Sie wird aber darüber lange nicht reden, sondern innerlich vor sich hinkochen, und es kann Monate und Jahre dauern, bis sie dem anderen an den Kopf schleudert, wie tief er sie verletzt habe, wie lange er auf ihren Gefühlen herumgetrampelt sei. Und damit müsse jetzt endlich Schluss sein. Staphysagria braucht das Korsett guter Manieren, um in der Welt zu bestehen, und einen Partner, der ihr zartes Inneres vor der Unwirtlichkeit der Welt schützt.

Der Staphysagria-Typ und sein Akutmittel

Eine Demütigung kann so tief gehen, dass sich nicht mehr das typische Bild von Staphysagria zeigt. Dann verspannt sich Staphysagria, kann nicht mehr schlafen und wird hilflos wie ein Kind. Diese Symptome werden besser mit Magnesium phosphoricum abgedeckt, vor allem, wenn noch Muskelkrämpfe oder Muskelzuckungen hinzukommen. Dieses Akutmittel zeigt, dass Staphysagria eigentlich weich und schutzlos ist und der Zorn oder die Empörung in banalen Situationen eher ein hilfloses Aufbäumen aus Schwäche sind. Auch die Verkrampfung, diese Überanspannung zu schwacher Muskeln, weist in diese Richtung.

Gut zu wissen

So ist der Staphysagria-Typ

▮ Macht ihre Probleme mit sich alleine aus
▮ Klagt über erlittene Kränkungen
▮ Pflichtbewusst, jedoch mit Leidensbittermiene
▮ Hohes Ehrgefühl und Corpsgeist
▮ Neigt zu Zornesausbrüchen
▮ Mag Brot und Milch, Alkohol und Tabak
▮ Beschwerden bessern sich durch Essen, verschlimmern sich durch Gefühlsstress und Sex
▮ „Schlechte" Tageszeit: 22–6 Uhr

Silicea – die Sanfte mit Biss
Vorwiegend für Frauen

▌ Seelenbestimmung: Seinen
Mann/seine Frau stehen.

Silicea-Typen sind als Kinder oft von so
zarter Konstitution, dass sich die Eltern
bang fragen, was wohl aus ihnen werden wird. Sie sind kränklich, verkühlen
sich leicht, bleiben im Wachstum etwas
zurück und sind auch später eher dünn,
manchmal sogar mager. In der Schule
sind sie vor Prüfungen ängstlich, und
beim Spielen bleiben sie lieber allein –
kleine, selbstgenügsame Menschlein,
die selten Widerstand leisten. Wenn sie
es allerdings tun, dann sind sie nicht
umzustimmen, fast stur. Wird so ein
Kind einmal dem Leben gewachsen
sein? Bald aber merken die Eltern, dass
ihr Kind kein Versager ist. Die Aufgaben,

denen sich der Silicea-Typ stellt, meis-
tert er auch, allein schon dadurch, dass
er fleißig ist und mit seinen Kräften
haushalten kann.

Das Silicea-Kind lernt länger, dafür
gründlicher als andere. Es entscheidet
sich schwer, aber wenn es sich entschieden hat, dann steht es auch dazu und
bewältigt alle Schwierigkeiten. Trotz
zartem Körperbau und blassem Gesicht
zeigt ihr Blick, dass man es mit einem
Menschen zu tun hat, den man nicht
unterschätzen darf. Silicea-Menschen
wirken etwas älter, als sie sind.
Typische körperliche Merkmale sind
dünnes Haar und schon früh deutliche
Fältchen, die sich im höheren Alter zu
tiefen Falten und „Krähenfüßen" entwickeln. Sie haben oft kalte Hände und
Füße. Frauen verkraften eine Schwangerschaft eher schlecht, danach bleiben
häufig Schwangerschaftsstreifen, und
Bauch und Busen verlieren früh an
Form. Davon abgesehen behalten
Silicea-Typen aber meist bis ins Alter
eine eher mädchenhafte Figur.

Die meisten Menschen, die von Silicea
als homöopathischer Arznei profitieren,
sind feinsinnige, höfliche Naturen mit
guten Umgangsformen. Offenen Wider-

◀ Silicea (Kieselsäure) macht Gras- und
Getreidehalme stabil und schwingungs-
fähig zugleich.

stand wird man von ihnen selten erleben. Dennoch tun Silicea-Menschen nichts, was sie nicht selbst für sinnvoll halten. Sie sind unbeirrbar und lassen sich nicht zwingen.

Silicea shoppt 10 Stunden, zieht dabei 100 Kleider an – und kauft nichts. Am nächsten Tag kehrt sie in den Laden zurück und zieht noch einmal drei Kleider an, und verschwindet mit großem Bedauern wieder, um nach einer Woche noch einmal zu kommen und nach einem Kleid zu fragen, das in der Zwischenzeit längst verkauft ist. Das macht sie sehr traurig, und sie spricht noch lange mit dem Verkäufer darüber.

Der Silicea-Typ in der Partnerschaft

Als Partner ist Silicea sehr wertvoll. Den täglichen Kleinkram, alles Umständliche, Ermüdende beherrscht Silicea aus dem Effeff, und erledigt es klaglos – Steuererklärungen ausfüllen, Material nachbestellen, Fehlersuche betreiben, gesetzliche Bestimmungen berücksichtigen, Rechnungen bezahlen. Alle Auf- und Abbewegungen, die das Leben so mit sich bringt, kann sie abfedern, einordnen und aufräumen, bis davon nichts Bedrohliches mehr übrig ist. Es gibt nur weniges, was ein Silicea-Typ nicht verkraften kann – vorausgesetzt, es steht genug Zeit zur Verfügung. Geduld, Bescheidenheit und Augenmaß helfen Silicea, die kleinen und großen Katastrophen zu meistern.

Gut zu wissen

So ist der Silicea-Typ

▮ Spricht leise und wählt die Worte sorgsam
▮ Ängstlich bei Prüfungen
▮ Im Umgang kompromissbereit, in den Taten kompromisslos
▮ Fleißig
▮ Mag Kaltes wie Rohkost und Salat
▮ Abneigung gegen Fleisch und Käse
▮ Furcht vor scharfen, spitzen Gegenständen
▮ Beschwerden bessern sich durch Wärme, beispielsweise im Sommer, verschlechtern sich durch Anstrengung
▮ „Schlechte" Tageszeit: 13–18 Uhr

Der Silicea-Typ und sein Akutmittel

Bei akuter Überforderung wechselt Silicea in den Pulsatilla-Zustand, sie klagt und wirkt vorübergehend hilflos. Pulsatilla wird gerne gegeben, wenn Menschen aus geringstem Anlass weinen und verzweifelt sind oder wenn sich bei einem Infekt gelber, dickrahmiger Eiter bildet, der Nase, Nasennebenhöhlen, Ohren oder sogar die Bronchien verstopft. Im Akutzustand wird der Eiter mit Pulsatilla etwas dünner und kann danach durch Silicea ausgeheilt werden. Ähnlich muss man sich die Zusammenarbeit dieser Mittel im geistig-seelischen Bereich vorstellen.

Zurückhaltende Archetypen: Wer passt zu wem?

Beziehungen bewähren sich langfristig nur, wenn man sowohl im ruhigen Fahrwasser des Lebens wie auch in Krisensituationen miteinander klarkommt oder dem anderen sogar konkrete Hilfestellungen leisten kann. Dies ist am wahrscheinlichsten, wenn Menschen sich zusammentun, die folgenden Arzneimittelbildern entsprechen.

Natrium muriaticum und Staphysagria

Beide sind nicht nur sehr empfindlich, sondern auch empfindsam. Sie gehen sorgsam miteinander um und verstehen einander. Die Stärke eines Staphysagria-Mannes liegt in seiner Ritterlichkeit. Er wird die zurückhaltende Natrium-muriaticum-Frau mit Stil und ohne große Gesten umwerben und Peinlichkeiten zu vermeiden wissen. Auch umgekehrt klappt die Kombination. Der nüchterne Leistungsbringer, der sich in der Arbeitswelt durchgesetzt hat, schätzt die standesbewusste, sehr auf ihre Ehre bedachte Staphysagria-Frau. Mit ihr kann er repräsentieren. Sie weiß, wie man sich bei einer Einladung zu verhalten hat und welche Kleider man trägt. Wenn das Paar in die Krise kommt und der Natrium-muriaticum-Typ übertrieben gekränkt und nachtragend – also wie Ignatia – reagiert, brauchen Menschen, die bei chronischen Beschwerden Staphysagria benötigen, in Akutfällen Magnesium phosphoricum und werden

dadurch nachgiebig und schutzbedürftig. Dadurch vertragen sich die Partner auch in Krisensituationen.

- Seelische Übereinstimmung: Natrium-muriaticum-Typen leben davon, Leistung zu erbringen. Das verschafft Ehre, ein wichtiger Bestandteil des Lebens von Staphysagria-Typen.
- Körperliche Übereinstimmung: Natrium muriaticum wie auch Staphysagria leiden beide häufig unter Rückenschmerzen und Herzrhythmusstörungen, was das gegenseitige Verständnis fördert.

Phosphorus und Silicea

Beiden Typen gemeinsam ist das Feinsinnige, Gefühlvolle. Man sollte die Silicea-Frau mit ihrem zarten Körper nicht unterschätzen. Sie hat bei aller freundlichen Kompromissbereitschaft einen eigenen Willen, den sie konsequent durchsetzt. Diese Eigenschaft kommt dem Phosphorus-Mann entgegen, dessen einziges Bedürfnis es ist, geliebt zu werden. Er stellt sich dazu gerne in den Mittelpunkt, und sie hat keine Probleme damit, im Schatten eines anderen zu stehen. Ihre Urteilskraft, ihr sanftes Abwägen, hilft ihm immer wieder aus der Bredouille, in die er recht gerne gerät. Die Kombination passt auch umgekehrt: Für den vergeistigten Silicea-Mann ist die gefühlvolle Phosphorus-Frau der Sonnenschein in seinem Leben.

Auch die beiden Akutformen dieser Typen kombinieren sich gut. Während Silicea in einen Pulsatilla-Zustand gerät, in dem sie sehr empfindlich, willenlos und schwach wird und nur noch weint, findet sich Phosphorus im Arzneimittelbild von Bryonia wieder, in dem seine Leichtigkeit Pause macht und er zurückhaltend und zögerlich wird. So kann ein Rollenwechsel stattfinden, bei dem die „starke" Silicea sich einmal an der Schulter des „schwachen" Phosphor ausweinen kann.

▌ Seelische Übereinstimmung: Phosphor-Typen und Silicea-Typen brauchen beide überschaubare Aufgaben, um den Anforderungen gerecht werden zu können. Wo Phosphor-Typen keine Problem haben, Kontakte zu schließen und auf Menschen zuzugehen, sorgen die fleißigen und gründlichen Silicea-Typen dafür, dass die dabei aufgebauten Beziehungen auch Substanz erhalten.

▌ Körperliche Übereinstimmung: Für beide Typen sind Magen und Darm Schwachstellen, wodurch sie gegenseitig Verständnis für besondere Ernährungsrichtungen und Diätwünsche haben.

Thuja und Barium carbonicum

Diese Typen schließen jene engen und dauerhaften Verbindungen, die für die Gründung einer Familie und die Erziehung von Kindern ideal sind. Beide legen ihre Liebesbeziehung lebenslang an und verabscheuen Affären. Die Vorsicht und Umsicht von Thuja, die dieser Typ für seine eigenen Angelegenheiten anzuwenden gewohnt ist, kommt den Kindern ebenso zugute wie die einfache, klar strukturierte Persönlichkeit und Leidensfähigkeit von Barium carbonicum. All das gibt jungen Seelen Halt, lässt sie reifen – und hilft ihnen früher oder später auch, flügge zu werden.

Auch die Akutmittel passen zueinander. Die Strenge und Härte von Arsenicum album trifft mit der Schärfe von Apis zusammen, beides Zustände, in denen ihnen Kraft zuwächst, längst fällige Veränderungen auch aktiv anzugehen, die sie aufgrund ihres Klammerns an Althergebrachtem lange vermieden haben.

▌ Seelische Übereinstimmung: Thuja-Typen und Barium-carbonicum-Typen vereint Bescheidenheit und die Furcht davor, nicht anerkannt zu werden. Thuja-Typen sorgen für die gesellschaftliche Anerkennung, die Barium-carbonicum-Typen aus eigener Kraft nicht erlangen. Dafür sorgen Barium-carbonicum-Typen für die solide Basis, die für den zerbrechlichen Thuja-Typen lebensnotwendig ist.

▌ Körperliche Übereinstimmung: Beide Mittel leiden häufig an bronchialen Erkrankungen und Hautproblemen, was das gegenseitige Verständnis fördert.

Dominante Archetypen

Die Arzneimittelbilder, die hier vertreten sind, verfügen über die Unbeirrbarkeit und Hartnäckigkeit, auch gegen starke Widerstände ihre Ziele durchzusetzen. Sie sind sich ihrer Sache sicher, und was sie anpacken, bringen sie auch zu Ende. Ein passender Partner wird von ihrer Verlässlichkeit profitieren, ein weniger passender Partner aber wird von diesen Typen so sehr in Beschlag genommen und beherrscht, dass er die Erfüllung eigener Wünsche und Bedürfnisse nicht durchsetzen kann. Die Folge können Krankheit und innere Emigration sein.

Calcium carbonicum –
der verlässliche Dickschädel
Vorwiegend für Frauen

▎ Seelenbestimmung: Heimat schaffen für sich und seine Lieben.

Menschen, die mit diesem Typ Partnerschaften eingehen, suchen Schutz und Sicherheit und Beständigkeit im Leben. Sie sind ein Fels in der Brandung und tragen das Herz am rechten Fleck.

Kalziumkarbonat wird nach dem Vorbild Hahnemanns aus Muschelkalk gewonnen. Auch der Stein des Sisyphus, den dieser immer wieder den Berg hochwälzen musste, enthielt Kalziumkarbonat. Dieser Mythos über die Beharrlichkeit kann auch zur Beschreibung der seelischen Verfassung von Calcium-carbonicum-Typen dienen. In jungen Jahren sucht er sich bereits einen Partner, baut ein Haus und hat Kinder. Wenn man dann diese etwas rundlichen Menschen mit ihrer bleichen Haut in ihren vier Wänden sieht, wird man an eine Schnecke in ihrem Gehäuse erinnert. „My home is my castle" oder ähnliche Sprüche findet man schon im Eingangsbereich in Holzbrettchen eingraviert, und tatsächlich sind es sehr häusliche Menschen, denen es gut geht, solange diese Lebensbasis nicht gefährdet ist. Von einer Schnecke oder ähnlichen Weichtieren haben sie nicht nur die Langsamkeit, sondern auch das Bewusstsein, dass selbst Wesen mit rauer Schale einen weichen Kern haben. Sie können sehr herzlich sein und das Gefühl von Heimat vermitteln. Wenn es von jemandem heißt, er sei letztendlich „Mensch geblieben", ist meist von einem Calcium-Typ die Rede.

Neben dieser Freundlichkeit aber sind sie in ihrem Denken und Handeln unbeirrbar, und was sie tun, tun sie gründlich, sind überaus konsequent und mitunter regelrecht stur in der Durchsetzung ihrer Interessen. Ihr Herz kann kalt und hart wie Stein werden – vor allem dann, wenn Geld im Spiel ist.

Andererseits kann man sich keinen großzügigeren Menschen vorstellen, wenn es um Familiäres, so zum Beispiel das Wohl der Kinder, geht. Hier zeigt sich die große Gabe von Calcium carbonicum, Wärme und Halt zu vermitteln und trotzdem in Erziehungsfragen konsequent zu bleiben. Calcium-Mütter sind beliebt, denn sie verkörpern für die Kinder „Heimat". Sicherheit und Schutz – das, was für sie selbst wichtig ist – können sie auch ihren Kindern vermitteln. Sie kochen gern und als traditionsbewusste Menschen pflegen sie Brauchtum, bauen Feste in den Jahreskreislauf ein und vermitteln damit ihren Kindern auch kulturelle Identität – besonders Weihnachten ist ein Freudenfest im Hause Calcium. Rosa und Hellblau, die Babyfarben, werden von manchen Calcium-carbonicum-Frauen gerne getragen, und Kuschelecken kann man in ihrem Haus ebenso finden wie Gartenzwerge in ihrem Garten.

Die wichtigsten körperlichen Schwierigkeiten sind Übergewicht, Herzrasen, Asthma und Vergesslichkeit. In der zweiten Lebenshälfte droht Bluthochdruck und Schlaganfallgefahr.

Der Calcium-Typ in der Partnerschaft

Calcium carbonicum ist ein monogam veranlagter Mensch, der im Partner gerne die „Mutti" oder den „Vati" sucht. Er legt keinen großen Wert auf das äußere Erscheinungsbild und hat ein Faible für Hausmannskost und Gemütlichkeit. Am besten passen Menschen, die wie er langsam und beharrlich durchs Leben gehen und sich vor Änderungen scheuen.

Der Calcium-Typ und sein Akutmittel

In Stresssituationen kommen bei Calcium carbonicum Härte, Kälte und Konsequenz bis zur Brutalität zum Vorschein. Das häufigste Akutmittel ist daher Belladonna, ein Nachtschattengewächs, dessen Hauptcharakteristikum Vitalität in Verbindung mit Handgreiflichkeit ist.

Gut zu wissen

So ist der Calcium-Typ

- Warmherzig, aber bestimmend gegenüber Partnern und Kindern
- Neigung zur Trägheit und zum Aussitzen von Problemen
- Langsam und beharrlich in der Arbeit
- Unter Druck Angst vor dem Verrücktwerden
- Mag Süßes, Brot, Eier, jedoch weder Milch noch Kaffee
- Fürchtet Krankheit, Tod, Geistesschwäche
- Beschwerden bessern sich durch Kälte und kaltes Baden, Trockenheit und Frühstücken, verschlechtern sich durch Anstrengung und Liegen auf der erkrankten Seite
- „Schlechte Tageszeit": 6–9 Uhr, 18–22 Uhr

Sepia – der reizbare Profi
Vorwiegend für Frauen

▌ Seelenbestimmung: Professionell
  arbeiten.

Dieser Persönlichkeitstyp wird von Partnern bevorzugt, die Selbstständigkeit und Unabhängigkeit schätzen und mit Menschen Umgang pflegen wollen, die es zu etwas gebracht haben, denn dass ist bei Sepia-Typen unweigerlich der Fall. Sie haben ein Händchen dafür, Dinge immer etwas professioneller zu erledigen als andere. Wenn sie eine neue Sportart anfangen, kleiden sie sich von Anfang an richtig, arbeiten daran, so schnell wie möglich alle Tricks und Kniffe dieser Sportart zu beherrschen, treten dabei aber nie in Konkurrenz mit anderen. Fachkundig sein zu wollen ist ihnen einfach zweite Natur.

Sepia, der schwarze Farbstoff des Tintenfisches, gehörte zu den ersten Farben, die der Mensch in seiner Geschichte genutzt hat. Dabei konnten auch schon mal kleine Mengen Sepia in den Körper gelangen, beispielsweise wenn man den Pinsel mit den Lippen anspitzte. Die Folge waren Kopfweh, Schwindel und charakteristische Bauchschmerzen, wie wenn sich etwas im Unterbauch wie eine Kugel zusammenballt. So kamen die ersten unfreiwilligen Arzneimittelprüfungen zustande, und Sepia wurde zu einem homöopathischen Arzneimittel, das zunächst bei Frauenbeschwerden im Bereich der Geschlechtsorgane eingesetzt wurde, später dann zur Behandlung von Frauen, die „Schwierigkeiten" machten, weil sie mit ihrem eigensinnigen und reizbaren Wesen aneckten.

▌ Sepia bildet sich selbst ein Urteil und
  lässt sich nur von guten Argumenten,
  aber nicht von Drohungen oder
  Schmeicheleien beeindrucken.

So wie der Tintenfisch sein Schwarz überraschend und mit maximalem Effekt ausstoßen kann und damit größere und gefährlichere Tiere erschreckt, neigen Sepia-Typen zu dramatischen Auftritten und Täuschungsmanövern, mit denen sie beispielsweise ihr berufliches Fortkommen sichern.

Ein Sepia-Typ, der nicht unter Druck steht, ist ebenso verständig und auf Harmonie bedacht wie Natrium muriaticum, jedoch mit mehr Stil. Er achtet mehr auf die Figur, die Kleidung und auf eine geschmackvolle Umgebung. Sepia ist in Berufen zu finden, die im weitesten Sinn mit künstlerischem Ausdruck zu tun haben. Auch das passt zum Bild des Tintenfisches, der ja ebenfalls etwas „ausdrückt", eben die Tinte. So findet man Sepien als Zeitungsredakteure, Innenarchitekten oder Berufsmusiker, wo sie erfolgreich ihr Gefühl für Qualität und Geschmack einsetzen.

Sepia-Typen hassen schlechte, schlampige Arbeit und alles Unprofessionelle.

Der Sepia-Typ in der Partnerschaft

Dieser Typ ist bestrebt, den Partner zu beeindrucken und ein stilvolles Miteinander zu pflegen, in dem es aber oft an Wärme etwas fehlt. Im häuslichen Bereich fühlt sich Sepia unwohl und nicht ganz in ihrem Element, dennoch wird sie alles, was sie anpackt, auch professionell erledigen. Es fällt ihr schwer, mit einem Partner zurechtzukommen, der nicht weiß, was er will, zögerlich oder unehrlich und wenig standfest ist. Wenn man sich auf etwas geeinigt hat, dann soll es auch so bleiben und nicht durch irgendwelche fadenscheinigen Begründungen aufgeweicht werden.

Eine Stärke von Sepia ist die „Handschlagqualität", die sie auch im Geschäftsbereich so beliebt macht. Wenn dieser Vertrag vom Partner gebrochen wird, vor allem bei wichtigen Dingen wie Treue und Vertrauen, wird Sepia unerbittlich. Bei schweren Verstößen wird sie die Beziehung auflösen und womöglich noch einen Rachefeldzug starten, bis ihr Gefühlskonto wieder ausgeglichen ist. Bei Provokationen und kleineren Auseinandersetzungen reagiert sie empfindlich und genervt und neigt dazu, die „Privilegien", die sie erteilt hat, zu entziehen und ersatzlos zu streichen. Sie wird dann schnippisch und verletzend, zieht sich in ihren Beruf zurück und hat keine Zeit mehr.

Der Sepia-Typ und sein Akutmittel

Das Akutmittel, in das Sepia am häufigsten wechselt, ist Nux vomica – der überreizte Manager, der sich auch schon mal im Ton vergreift und noch schneller und härter arbeitet, um ein Ziel zu erreichen. Das passt, denn ein wichtiger Antrieb für Sepia sind Arbeit und Leistung. Deshalb kann im Akutfall auch Natrium muriaticum eingesetzt werden, jener fleißige Arbeiter, der die Ziele, die er sich gesteckt hat, auch erreicht.

Gut zu wissen

So ist der Sepia-Typ

- ▌ Schnell im Sprechen und im Denken
- ▌ Schnippisch und kränkend gegenüber Schwächeren
- ▌ Freiheitsliebend mit der Neigung, sich in einer Partnerschaft beengt zu fühlen
- ▌ Bei Frauen ist die Laune sehr abhängig vom Monatszyklus
- ▌ Mag Saures und Alkohol, mag keine Milch und kein Schweinefleisch
- ▌ Furcht vor Armut und Alleinsein
- ▌ Beschwerden bessern sich bei Aktivität und verschlechtern sich bei Frauen vor der Monatsblutung
- ▌ „Schlechte Tageszeit": 15–17 Uhr

Lycopodium – der schillernde Verführer
Vorwiegend für Männer

▌ Seelenbestimmung: Dem Erfolg nachjagen.

Menschen werden von diesem Typ angezogen, weil er das Beste aus allen Welten in sich zu vereinen scheint. Er wirkt umfassend gebildet, erfolgreich in seinem Beruf, sieht gut aus und ist charmant und verständnisvoll, ein Familienmensch, der für jede kleine Schwäche Verständnis hat, schon weil er sie auch selbst kennt. Es dauert eine Weile, bis man merkt, dass nicht alles Gold ist, was hier glänzt. Und obwohl Lycopodium-Typen im häuslichen Umfeld meist sehr dominant und fast diktatorisch auftreten, denken Partner nur selten daran, sie zu verlassen, denn es sind gesellige Menschen, die ihre zahlreichen Schwächen dadurch wettmachen, dass sie nicht nachtragend sind und ihre Fähigkeit, Menschen zu verführen, auch im hohen Alter nie verlieren.

Wenn Sie diesem Typ erstmals begegnen, kann er sie tief beeindrucken. Freundlich, tüchtig und einfallsreich, wird er Ihnen das Blaue vom Himmel herunter versprechen und dabei den Eindruck erwecken, sein Versprechen auch halten zu können. Wenn Sie ihm dann gegeben haben, was er wollte, kann es Ihnen aber passieren, dass er Sie schnell von oben herab behandelt und sich keine Zeit mehr für Sie und Ihre Bedürfnisse nimmt. Aus seiner Sicht ist das nur konsequent, denn er lebt davon, andere zu verführen, und sobald er diese Arbeit geleistet hat, ist für ihn „die Luft raus". Er hat in dem Augenblick, indem er Ihnen die Illusion verkaufte, ja bereits alles geleistet, was für ihn zu leisten war: Er hat Sie überzeugt, und das Gefühl der Zustimmung durch andere ist alles, was in seiner Welt zählt.

Lycopodium-Typen wollen faszinieren, um ihren Erfolg beneidet werden, der ihnen aber sehr häufig verwehrt bleibt, weil ihnen die Konstanz in allem fehlt. Schauspieler, Fernsehmoderator, Autoverkäufer, Staubsaugervertreter – nur in diesen schnelllebigen Berufen, in denen der Augenblick über Erfolg oder Misserfolg entscheidet, sind Lycopodium-Typen weit erfolgreicher als andere, denn hier gelingt es ihnen, sich so

◀ Für Lycopodium sind Statussymbole sehr wichtig.

geschickt darzustellen, dass sie für wichtiger gehalten werden, als sie tatsächlich sind. Sie sind charmante Verführer, sie bringen einen Hauch der großen Welt in den grauen Alltag. Man kann ihnen eigentlich nicht böse sein, dass sie den schönen Schein über das Sein stellen.

▮ Lycopodium kann sich mühelos einordnen und die Rolle wechseln.

Lycopodium verfügt über große Intelligenz, hat aber eher wenig Selbstvertrauen. Äußerlich sind es schlanke Menschen mit dünnen Beinen und mehr oder weniger aufgetriebenem Bauch, die zu Blähungen neigen. Auffallend häufig ist bei Rechtshändern die rechte Körperhälfte betroffen.

Der Lycopodium-Typ in der Partnerschaft

Der Mann, der in der Firma charmant, liebenswürdig, hilfsbereit, freundlich und allseits beliebt ist, kann hier schon mal zu Hause mürrisch auf dem Sofa liegen und nur noch seine Ruhe haben wollen. Die Stärken dieses Typs liegen in seiner Fähigkeit, einen großen Freundeskreis zu unterhalten. Er ist ein blendender Gastgeber und im häuslichen Bereich äußerst stilbewusst. Nachteile sind seine Neigung, gegebene Versprechen nicht einzuhalten und den Verführer zu spielen, um das eigene Ego aufzubessern.

> ## Gut zu wissen
>
> ### So ist der Lycopodium-Typ
>
> ▮ Liebt Statussymbole
> ▮ Sucht sich Partner, mit denen er sich schmücken kann
> ▮ Umwirbt Menschen, die etwas darstellen, und vernachlässigt andere, die für ihn hier nichts bieten
> ▮ Abneigung gegen Sport und körperliche Anstrengung
> ▮ Guter Verkäufer
> ▮ Mag Süßes, asiatische Gerichte, heiße Getränke
> ▮ Fürchtet sich vor dem Alleinsein und davor, Fehler zu machen
> ▮ Beschwerden bessern sich durch kühle, frische Luft, verschlechtern sich durch enge Kleidung
> ▮ „Schlechte Tageszeit": 16–20 Uhr

Der Lycopodium-Typ und sein Akutmittel

Das häufigste Akutmittel von Lycopodium ist Lachesis, eine Zuspitzung, die diesem Mittel auch Substanz verleiht. War er bislang fröhlich und charmant, aber in der Wirkung etwas schal, strahlt er mit einem Mal Sinnlichkeit aus. Konnte er bislang vollmundige Versprechungen nicht einlösen, wird er nun tatkräftig und unbeirrbar. Im Lachesis-Zustand steckt er voller Energie und kann Nächte durcharbeiten. Allerdings verstärkt sich dann auch seine Ungeduld, und er kann nun mit Worten wirklich treffen.

Causticum – der verletzliche Weltverbesserer
Vorwiegend für Frauen

■ Seelenbestimmung: Allen soll es gut gehen.

Wer sich für einen Causticum-Typen als Partner interessiert, sucht klare geistige Strukturen im Leben und schätzt den anderen wegen seiner moralischen Standfestigkeit und ideologischen Unbeirrbarkeit. Das kann sich im familiären Bereich mitunter ungünstig auswirken, denn für diese Menschen ist die ganze Menschheit eine Familie, für die man Verantwortung trägt, und einfache Erziehungsaufgaben eines Mitteleuropäers erscheinen ihnen manchmal fast banal im Vergleich zum Leid der Menschen auf anderen Kontinenten. Es sind engagierte Menschen, die beim Lesen der Morgenzeitung tief betroffen sind, wenn sie hören, was auf der Welt so alles falsch läuft, und das dringende Bedürfnis haben, dagegen etwas zu tun.

Ihr eigenes persönliches Fortkommen, eine Karriere, interessiert sie weniger, weshalb man sie nur ausnahmsweise in Betrieben findet, deren Hauptzweck das Geldverdienen ist. Eher als Hausmann, der im Ortsverband der Grünen tätig ist, oder als liebevolle und zugleich strenge Großmutter, die ihren unehelichen Enkel wie ihr eigenes Kind aufzieht.

Man findet sie dort, wo sich andere gerne aus der Verantwortung stehlen und wo Menschen durch den Egoismus und die Unbedachtheit anderer Menschen leiden müssen. Die Kehrseite der Medaille: Unerbittlichkeit bis zur ideologischen Blindheit, vor allem, wenn sich Enttäuschungen häufen, die eigenen Kräfte nachlassen und sich abzeichnet, dass manche Konflikte einfach nicht zu lösen sind.

Schwachstellen im körperlichen Bereich sind extreme Anspannung, wie sie ein Mensch zeigt, der etwas erreichen will und für eine Sache kämpft. Dies führt zu der Empfindung, dass sich die Sehnen verkürzen, und es kommt zu Problemen mit den Gelenken. Heiserkeit, ein weiteres typisches Symptom, entsteht, wenn „die Stimme der Vernunft und der Gerechtigkeit" zu laut sprechen musste. Ein weiterer Schwachpunkt ist der Schließmuskel der Harnblase.

Der Causticum-Typ in der Partnerschaft
Er sucht sich bewusst einen Partner, der seine politischen und moralischen Grundvorstellungen hundertprozentig teilt und von dem er hofft, dass er ihn auf dem Weg, den er vor sich sieht, begleiten wird. Das kann ein umweltbewusster Mensch sein, der seinen bisherigen Job aufgeben will, um einen Ökoladen zu betreiben und Kurse zur Gesundheitsförderung abzuhalten.

Es zählt bei ihm also weniger die Möglichkeit, eine Familie zu gründen oder sich gemeinsam mit Sport oder Spiel zu amüsieren, sondern mehr, einen Gleichgesinnten zu gewinnen, der mit einem etwas durchkämpft. Da kann es nicht verwundern, dass sich hier im Laufe der Jahre Enttäuschungen einstellen, wenn sich der Partner in eine andere Richtung entwickelt. In dieser Situation neigen Causticum-Menschen dazu, den anderen anzuherrschen und ihn zu kontrollieren und so lange „zurechtbiegen" zu wollen, bis er entweder zum Pantoffelhelden geworden ist, im stillen Protest gar nichts mehr sagt – oder geht. Die sonst immer freundlichen und ruhig-konsequenten Causticum-Typen können hier aus Enttäuschung wütend werden und schreien. Dabei werden sie aber nie gewalttätig, sondern fressen den Großteil ihres Zorns in sich hinein und können aus Verbitterung krank werden, sobald sie mit einem geliebten Partner keine gemeinsame Zukunft mehr sehen.

Der Causticum-Typ und sein Akutmittel

In Krisensituationen brauchen diese Menschen Colocynthis, ein wichtiges Schmerzmittel, das vor allem bei Bauchkoliken oder Ischias eingesetzt wird. Die Verwandtschaft zwischen diesen Arzneien liegt darin, dass sie beide Beschwerden lindern, die aufgrund von erhöhter Muskelanspannung durch innerliche Missbilligung von Ungerechtigkeiten entstanden sind. Colocynthis ist das so genannte Rumpelstilzchenmittel, da es am besten dort hilft, wo Menschen so empört oder gekränkt sind, dass sie körperlich rastlos werden und sich unter Kolikschmerzen winden.

Gut zu wissen

So ist der Causticum-Typ

- Großes Mitgefühl, auch mit fremden Menschen
- Moralisch standfest, in seltenen Fällen bis zum Querulantentum
- Trockener Humor, „trocken" auch in Bezug auf Emotionen
- Freundlich im Auftreten, unbeirrbar in seinen Forderungen
- Beschwerden verbessern sich durch kalte Getränke, kaltfeuchtes Wetter und Bettwärme, verschlechtern sich durch Fettes und Saures, durch Kaffee und bei Wetterwechsel
- „Schlechte Tageszeit": 18–22 Uhr

Sulfur – der erfinderische Tüftler
Vorwiegend für Männer

▌ Seelenbestimmung: Die Menschheit
mit Neuerungen voranbringen.

Wer mit diesen Menschen eine Partnerschaft eingeht, tut das aus Bewun-
derung und dem Wunsch heraus, Teil
eines faszinierenden Lebensprojekts zu
werden. Sulfur-Typen scheinen nur zu
leben, um schöpferisch zu sein. Manche
von ihnen vollbringen dabei Geniales
und fast alle Originelles und Wegwei-
sendes.

Der Alltag ist dann manchmal weniger
aufregend. Sulfur ist zum Beispiel der
Computertüftler, der am Frühstücks-
tisch unausgeschlafen muffelige
Antworten gibt. Wenn von „Liebe" die
Rede ist, wird er erst dann munter,
wenn er darüber theoretisieren darf. Als
Liebhaber ist er neugierig, denn er will
immer wissen, wie etwas funktioniert
oder wie etwas wirklich ist. Er bringt
Spontaneität und Abwechslung in eine
Beziehung und kann Gespräche mit
Humor und Einfallsreichtum würzen.
Aber er kann einen auch nerven, weil er
für alles abstrakte Antworten sucht und
prinzipiell zur Hast neigt.

Er hat manchmal Schwierigkeiten
damit, das, was er gedanklich längst
abgeschlossen hat, auch wirklich in die
Tat umzusetzen – häufig finden sich
deshalb bei diesem Mittel auch Potenzstörungen.

Im Leben tüftelt Sulfur gerne an interes-
santen, kreativen Aufgaben und ist bereit, sehr hartnäckig an der Erfüllung seiner Träume zu arbeiten. Es sind Erfinder,
die jahrelang jede Stunde mit ihren
Plänen und Maschinen zubringen, bis der
Durchbruch erfolgt und sie etwas
Geniales erschaffen haben. Selbst wenn
sie damit Millionen verdienen, setzen Sie
sich schon am nächsten Tag wieder hin,
um ein anderes Projekt zu betreiben,
denn Ideen zu entwickeln und umzusetzen ist ihr Lebenselixier. Beispiele sind:
der zerstreute Professor, der nachlässig
gekleidete Erfinder mit den Essensresten
auf dem Revers, der in wallendes
Schwarz gekleidete Modeschöpfer – das
schlampige Genie, das wenig auf Äußerliches gibt, weil sich alles Aufregende in
seinem Inneren abspielt.

Körperliche Schwachstellen sind die
Verdauungsorgane, die oft durch zu viel
Nahrungsaufnahme überlastet werden.
Bauchschmerzen, Blähungen, Durchfall
sind hier die Folge. Sulfur-Typen sind
entweder zu dick, oder sie bleiben
dünn, egal was sie essen. Häufig sind
auch fahl-gelbliche Hautfarbe, Ringe
unter den Augen, Haut- und Schleim-
hautrötungen sowie Jucken und brennende Beschwerden.

Der Sulfur-Typ in der Partnerschaft

Sulfur-Typen müssen tüfteln, spielen und ausprobieren dürfen und brauchen dafür eine stabile Versorgungsbasis – ideal ist jemand, der das bieten kann und möchte. Leistet der Partner Widerstand gegen diese Neigungen, ziehen sich Sulfur-Typen zurück und verhalten sich egoistisch. Der Gedanke, dass der Partner eigene Interessen verwirklichen möchte, ist Sulfur-Typen unerträglich, da sie dabei ihr eigenes Lebensprojekt in Gefahr sehen. In Gesellschaft sind sie weniger „herzeigbar", weil sie auf Äußerliches wenig Wert legen und sich nur selten um Menschen bemühen, die sie nicht interessieren. Sie neigen dazu, sich immer in den Mittelpunkt stellen zu wollen, und können dabei überzeugen, denn sie sind unterhaltsam und schlagfertig, wenn sie auch auf die Gefühle von anderen wenig Rücksicht nehmen. Auch bei der Erziehung von Kindern kann man mit Sulfur-Typen eher nur dann rechnen, wenn die Anlagen und Wünsche der Kinder in den eigenen Lebensplan passen. Das Kind eines begnadeten Komponisten, das selbst zum Geigenvirtuosen heranreift, wird mit seinem Vater Überschneidungen finden. Zeigt es aber kein Interesse an Musik, wird es nur wenig Kontakte geben.

Gut zu wissen

So ist der Sulfur-Typ

- Zerstreut und vergesslich
- Rasches Denken
- Teilt sich sprachlich nur ansatzweise mit
- Nachlässig in der Kleidung
- Isst hastig und zu viel oder zu wenig
- Mag Süßes und Fettes
- Beschwerden bessern sich durch warmes, trockenes Wetter und verschlechtern sich durch den Genuss von Eiern, Milch und warmen Getränken
- Fürchtet sich vor großen Höhen und davor, Fehler im Beruf zu machen
- „Schlechte Tageszeit": 10–11 Uhr

Der Sulfur-Typ und sein Akutmittel

Das Akutmittel für Sulfur ist Acidum nitricum, die Salpetersäure. Sie findet ihre Anwendung bei Schwächezuständen, die sich bei Sulfur-Typen immer dann einstellen, wenn ihnen der Erfolg verwehrt bleibt, und hilft besonders dann, wenn große Enttäuschung dazu geführt haben, dass sich Sulfur-Typen ganz von ihren Zielen abgewandt haben und nur mehr dem Genuss und Spielen frönen. Typisch für Acidum nitricum sind Schmerzen wie von einem Splitter, Magen-Darm-Beschwerden und Gelenkentzündungen.

Aurum – der kühle Regent
Vorwiegend für Männer

▌ Seelenbestimmung: Beherrschung
und Selbstbeherrschung.

Kinder erwarten von Ihrem Papa und
Ihrer Mama jene Form der Perfektion,
die man in der Homöopathie mit
Aurum, der Verreibung von Blattgold, in
Verbindung bringt. Es ist jene Stärke
und Unbeirrbarkeit, von der sich der
Schwache absoluten Schutz verspricht,
und jene Basiskompetenz in allen
Bereichen, die nur von Menschen
erreicht werden kann, die im wahrsten
Sinne des Wortes Goldstücke sind. Alles
können, alles wissen und dabei liebenswürdig bleiben – das können nur Gold-
Typen, denn Motivation, Fleiß und
Durchhaltevermögen, die notwendig
sind, um dieses Niveau zu erreichen,
besitzen sie im Übermaß. Die Konsequenz daraus ist allerdings auch, dass
sie die Härte, die sie selbst zeigen, anderen zu-
muten werden
und Charakter-
schwä-
chen nur
selten
verzeihen.

Das kann sie im Laufe der Jahre bitter
werden lassen und einen innerlichen
Rückzug bewirken, der in eine schwere
Depression mündet.

Gold-Typen sind klar denkende, gewis-
senhafte Menschen mit Kampfgeist und
Durchhaltevermögen, die einen Betrieb
aus dem Nichts zum Imperium aufbau-
en oder als Akademiker ihren Wissen-
schaftszweig dominieren. Ihre Entwicklungen werden zum „Gold-
standard"; wenn sie sich ans Geldverdienen machen, werden sie reich;
wenn sie Einfluss und Macht anstreben,
geraten sie unweigerlich an die Spitze
der Pyramide. Ganz wichtig ist für
Aurum-Typen, Reichtum und Erfolg
auch nach außen hin zu demonstrieren,
beispielsweise mit einem schicken
Landsitz, umgeben von Wald, vielleicht
auch mit einem eigenen See.

Aurum-Typen neigen zu hohem Blutdruck, bei schweren beruflichen
Niederlagen kommt es zu Brust-
schmerzen, die sich zum Herzinfarkt
auswachsen können. Wenn Aurum
durch bestimmte Umstände gezwungen
wird, seine Lebensplanung zu ändern,
reagiert er ebenso unwirsch, wie er das
Mitmenschen gegenüber tut, die ihn am

Erfolg hindern. Kommt er zu dem Schluss, dass er das gesteckte Ziel nicht erreichen wird, neigt er zu schweren Depressionen, die in manchen Fällen sogar im Selbstmord münden.

Der Aurum-Typ in der Partnerschaft

Aurum-Typen stellen hohe Anforderungen an sich und ihre Partner. Sie versuchen, selbst den höchsten Qualitätsansprüchen zu genügen, und erwarten dann auch, dass der Partner perfekt ist. Eine wohlansehnliche, liebenswürdige, tüchtige, hochintelligente, umfassend gebildete Lebensgefährtin, die den Aurum-Typ rund um die Uhr versorgt, kann ihn wegen eines kleinen körperlichen Makels dauerhaft verstimmen. Diese Menschen können mit Geld umgehen. Die meisten von ihnen werden wohlhabend, sorgen für ihre Familie und schenken ihr alles, was notwendig ist. Sie kümmern sich um das Wohlergehen des Partners und der Kinder, sind dabei aber nur selten großzügig und haben wenig Sinn für Romantik. Andererseits haben sie einen guten Ruf, werden von ihren Mitmenschen geachtet und respektiert – und etwas davon strahlt auch auf den Partner ab.

Gut zu wissen

So ist der Aurum-Typ

▌ Großes Pflichtbewusstsein und hohe Professionalität
▌ Ungeduldig mit allem, was seinen Ansprüchen nicht genügt
▌ Sparsam bis zum Geiz
▌ Große Befriedigung über den Besitz materieller Güter
▌ Mag Milch und Kaffee
▌ Beschwerden bessern sich durch frische Luft und kalte Waschungen, verschlechtern sich nachts, durch geistige Anstrengung sowie Gefühlsstress
▌ „Schlechte Tageszeit": 6–9 Uhr

Der Aurum-Typ und sein Akutmittel

Ein typisches Akutmittel ist Mercurius, das Quecksilber. Es ist ein Metall, das homöopathisch vor allem bei Entzündungen der Mundschleimhaut und des Rachens mit reichlicher Speichelbildung und bei schweren Durchfällen eingesetzt wird. Mercurius hilft Aurum-Typen immer dann, wenn sie eine Serie von geschäftlichen Misserfolgen erlitten haben und ihr maßvolles, gerechtes Auftreten einer ständigen Gereiztheit mit Wutausbrüchen Platz gemacht hat.

Dominante Archetypen: Wer passt zu wem?

Für Menschen, die klare Ziele vor Augen haben, ist es wichtig, dass der Partner aktiv dazu beitragen kann, diese Ziele zu erreichen. Deshalb sind Verbindungen zwischen dominanten Archetypen weitaus stärker Zweckgemeinschaft als zwischen zurückhaltenden Archetypen, bei denen es eher darum geht, Schwächen des Partners abzufedern und ihn rücksichtsvoll zu behandeln. Wenn Sie sich selbst einem dominanten Arzneimittelbild zugeordnet haben, ist es schon zu Beginn einer Beziehung ratsam, das Terrain zu sondieren und über Zukunftspläne zu sprechen.

Aurum und Lycopodium

Lycopodium, ein Tyrann an der Seite eines weniger passenden Partners, wird an der Seite von Aurum gefügig und lieb. Auch im Gegenzug funktioniert die Verbindung: Lycopodium kann Aurum etwas bieten, das er selbst eher schwer aufbringen kann: diplomatisches Geschick und Einfühlungsvermögen. Es tut Aurum unendlich wohl zu bemerken, dass der neue Partner mit einem passenden Wort oder einer kleinen Bestechung Widerstände aus dem Weg räumt, die er selbst für unüberwindlich hielt. Auch die Akutmittel passen gut zusammen. Hier verbindet sich die Sinnlichkeit von Lachesis mit dem Einfallsreichtum und der Brillanz von Mercurius so glücklich, dass wirklich große Leistungen daraus entstehen können.

■ Seelische Übereinstimmung: Beide Typen sind an Geld, Macht und Einfluss interessiert. Lycopodium-Typen sind die genialen Verkäufer, die den Masterplan des Aurum-Typen auf den Weg bringen, den dieser dann durchsetzt, wozu Lycopodium-Typen alleine nicht fähig wären. Beide Typen sind leicht reizbar und neigen zu ängstlichen Verstimmungen.

■ Körperliche Übereinstimmung: Aurum-Typen sind eher kräftig und neigen zu Blutfülle, während Lycopodium-Typen mager und blutleer wirken. Typisch für beide aber ist, dass Wärme ihre Beschwerden bessert.

Sepia und Causticum

Hier treffen Respekt und Achtung zusammen und sind das Geheimnis ihrer Liebe. Sepia bringt Kreativität und Geschmack in die Beziehung ein und bereichert damit das eher graue und schmucklose Causticum. Sepia dagegen ist von der moralischen Unbestechlichkeit und von dem Engagement von Causticum beeindruckt. Beiden Mitteln ist es wichtig, zu seinem Wort zu stehen. Sie gehen miteinander offen und ehrlich um und meinen auch, was sie sagen. Somit sind ideale Bedingungen für eine reife, erwachsene Beziehung gegeben. Gemeinsam können beide Großes bewegen. Auch das gegenseitige Verständnis in Krisensituationen ist gegeben, in denen sie in ihre Akutmittel Nux vomica und Colocynthis wechseln, die sich beide durch erhöhte Reizbarkeit auszeichnen.

- **Seelische Übereinstimmung:** Sepia-Typen und Causticum-Typen sind beide charakterfest, entschieden und können Probleme nüchtern und distanziert betrachten.
- **Körperliche Übereinstimmung:** Beiden Mitteln gemeinsam ist, dass es häufig Probleme mit Schleimhäuten, vor allem der Harnröhre oder Harnblase, gibt.

Sulfur und Calcium carbonicum

Diese Beziehung ist im Himmel geschlossen worden. Sulfur-Typen brauchen Menschen, die sie umsorgen und verständnisvoll genug sind, ihre Eigenarten zu akzeptieren. So schaffen sie durch Kreativität und Fleiß die finanziellen Grundlagen für Calcium, der ihnen im Gegenzug Sicherheit und Stabilität bietet. Die menschliche Wärme von Calcium unterstützt den Sulfur-Typ, sodass er sich voll und ganz seinen Ideen widmen kann. Das dankt Sulfur mit

Treue und Verlässlichkeit. Beiden Typen gemeinsam ist auch, dass sie in Krisensituationen in Akutmittel wechseln, deren Charakteristikum Spielfreude und Lebensgenuss ist. Sowohl Acidum nitricum als auch Belladonna sind Zustände, in denen eine gute Party oder ein Abend in einem Schlemmerlokal (oder eben die entsprechenden Kügelchen) durchaus Heilwirkung erzeugen können.

- **Seelische Übereinstimmung:** Beiden Typen gemeinsam ist, dass sie wenig Wert auf Konventionen, Modeerscheinungen und Äußerlichkeiten legen. Calcium carbonicum-Typen bewundern an Sulfur-Typen das Kreative, Sulfur an Calcium carbonicum die Fähigkeit, Wärme und Sicherheit zu vermitteln.
- **Körperliche Übereinstimmung:** Beide Arzneimitteltypen haben in der Regel Probleme mit Übergewicht und werden sich gegenseitig bei Diäten unterstützen können. Fies daran ist nur, dass Sulfur-Typen weitaus leichter abnehmen als Calcium-carbonicum-Typen ...

GUT ZU WISSEN

Liebe erneuern, stärken und vertiefen

Am Anfang einer Liebesbeziehung steht die Neugierde und der Spieltrieb. Man möchte sehen und erleben, wie der andere ist, wenn man ihm nahekommt. Man möchte ausprobieren, wie man an seiner Seite die Welt erfahren kann. Dazu tritt die Verliebtheit, ein Hormoncocktail, dessen biologischer Zweck die Fortpflanzung ist. Wie Wissenschaftler herausgefunden haben, hält dieser Ausnahmezustand im Durchschnitt vier Monate an, ist geprägt von Stürmen der Leidenschaft, Schäferstündchen und Liebesversprechen und führt gerade bei jüngeren Menschen, die keine Freunde von Verhütungsmitteln sind, zu dem von der Natur beabsichtigten Erfolg. Danach beginnt bei vielen das Rätselraten, ob es damit nun schon getan ist oder doch ein tieferer Sinn zwei Menschen zusammengeführt hat.

Bewusstere Menschen gehen offenen Auges in eine Beziehung. Sie erkennen im Partner Qualitäten und Eigenschaften, die man an sich selbst vermisst, aber begehrt. Der „ideale" Partner vermittelt einem ein Gefühl von Vollständigkeit und Kraft. Dieses Gefühl von Power, das in Verbindung mit einem geliebten Partner auftritt, war auch schon den alten Griechen bekannt.

GUT ZU WISSEN

Liebe ist Sehnsucht nach „Ganzheit"

Der Philosoph Platon (427–347 v. Chr.) lässt in seinem Werk „Symposion" den Komödiendichter Aristophanes die folgende Geschichte der Kugelmenschen erzählen: „Anfangs gab es bei den Menschen drei Geschlechter, nicht nur zwei, ein männliches und ein weibliches; es gab ein drittes noch dazu, das die beiden in sich vereinige. Mannweiblich war es, und von einer Kraft und Stärke, und wollte hoch hinaus, ja, es wagte sich auch an die Götter. Diese hielten Rat und waren in Verlegenheit, Zeus aber sprach: Ich will sie auseinanderschneiden, jeden in zwei Hälften, wie man Birnen zerschneidet. Nachdem nun dass Mannweibliche entzweigeschnitten war, ging sehnsüchtig jede Hälfte ihrer anderen Hälfte nach, und sie umfingen sich mit den Armen und schlangen sich ineinander, um über dem Begehren zusammenzuwachsen. So stellen sie die natürliche Einheit wieder her und werden eines am anderen heil, und das Begehren und der Drang nach dem Ganzen, das heißt Liebe."

Liebeshindernisse überwinden

Das Geheimnis einer erfolgreichen und langen Beziehung ist die ernsthafte Absicht beider Partner, sie aus dem Rohmaterial des Anfangs heraus zu gestalten und sich dabei zu ergänzen, um dabei selbst „vollständig" zu werden und sich zu runden. Hier gilt es manchmal, Hindernisse zu überwinden.

Liebeshindernis Nr. 1: Zu wenig Kommunikation

Männer reden offen, viel und gern über ihre Gefühle, Frauen dagegen sind wortkarg und finden es äußerst problematisch, ihre Empfindungen zu beschreiben ... hoppla, da habe ich jetzt aber was verwechselt. Natürlich ist es umgekehrt. Männer schweigen, eisern, während Frauen gerne ihr Herz ausschütten und den Partner zutexten.

Wenn Sie wenig sprechen, erfährt Ihr Partner nicht, wie Sie fühlen. Und wenn er nicht weiß, wie Sie fühlen, verarmt er selbst an Empfindungen für Sie.

■ *Worte können starke Empfindungen wecken, sie sind wie gesprochene Umarmungen, das Lebenselixier für jede Beziehung.*

Vergessen Sie auch nicht die nonverbale Kommunikation: Laute, mit denen Sie Ihr Wohlbefinden andeuten. Zärtliche Gesten, mit denen Sie Ihre Gefühle für den Partner mitteilen.

Häufige homöopathische Mittel für Wortkarge:

■ Natrium sulfuricum C30: 5 Kügelchen als einmalige Dosis sind mitunter gut geeignet, arbeitsamen Menschen, die in ihrer Freizeit gern ihre Ruhe haben wollen und sich zurückziehen, die Zunge zu lösen.

■ Acidum phosphoricum C30: Sie können 5 Kügelchen dieses Mittels als einmalige Dosis versuchen, wenn Sie aufgrund zahlreicher Enttäuschungen nicht mehr sprechen wollen.

Liebeshindernis Nr. 2: Der Partner verändert sich

Das Leben ist ein großer Strom, der uns fortreißt und auf dem wir nur *versuchen* können, in eine Richtung zu steuern. Nach einiger Zeit, Monaten oder Jahren, können sich Partner so verändern, dass sie sich auseinanderleben. Es gibt nur ganz wenige glückliche Paare, die von diesen Wechselspielen verschont bleiben oder gelernt haben, damit umzugehen, indem sie dem Partner Freiräume geben und Möglichkeiten suchen, wieder neue Gemeinsamkeiten zu finden.

Auch die homöopathischen Konstitutionsmittel können sich im Laufe des

Lebens ändern. Homöopathen äußern häufig die Ansicht, dass Menschen im Laufe ihres Lebens vier oder fünf verschiedene gut gewählte Mittel brauchen, die ihnen weiterhelfen. Da die Sprünge hierbei jedoch meist nicht allzu groß sind, stehen die Chancen gut, dass die „neuen" Partner wieder miteinander gut zurechtkommen.

In Umbruchzeiten können Sie folgende homöopathische Zwischenmittel versuchen, um die Situation etwas zu entspannen:

- Kalium carbonicum C30: 5 Kügelchen als einmalige Dosis mildern Verspannungen und Verkrampfungen.
- Phosphor C30: 5 Kügelchen als einmalige Dosis können Ängste lindern.

Liebeshindernis Nr. 3: Die Machtfrage

Beim Tanzen heißt es ja, dass einer führen und der andere sich führen lassen soll. Sie merken aber schon an diesem Beispiel, dass Machtausübung zwar natürlich und notwendig ist, um etwas zu bewerkstelligen, dass dies aber nur funktioniert, wenn ein enges Zusammenspiel und große Übereinstimmung mit demjenigen besteht, der hierbei geführt wird. Auch in einer Partnerschaft ist es gut, wenn einer in Teilbereichen das Heft in der Hand hält. Ist er aber zu dominant, drängt er über kurz oder lang den anderen an die

Wand und nimmt ihm die Luft zum Atmen. Partner sollten gleich stark sein, idealerweise aber in verschiedenen Bereichen, sodass ein Geben und Nehmen zustande kommt, das beiden das Gefühl vermittelt, von der Beziehung bereichert und gestärkt zu werden.

Homöopathische Mittel, die Ihnen bei Konflikten dabei helfen, für eigene Interessen einzutreten:

- Staphysagria C30: 5 Kügelchen als einmalige Dosis helfen Ihnen, mit Demütigung und Kränkung durch den anderen zurechtzukommen.
- Rhus toxicodendron C30: 5 Kügelchen als einmalige Dosis werden Verkrampfungen und die Empfindung der Ausweglosigkeit abschwächen.

Liebeshindernis Nr. 4: Langeweile

Sie sind glücklich zum Verrücktwerden, haben den Idealpartner fürs Leben gefunden und befinden sich am Ziel ihrer Träume – und im Lauf der Zeit „gewöhnt" man sich, und es taucht zunehmend mehr das Gefühl auf, nicht mehr so glücklich und nicht mehr mit dem Partner zufrieden zu sein. Dieses Gefühl nennt man auch Langeweile, und die Neigung dazu gehört zu den Webfehlern des Menschen. Kennen Sie das Gebet: Gott, bewahre mich davor, dass meine Wünsche in Erfüllung gehen?

Eine Antwort, wie wir diesem Dilemma entrinnen können, gab im Jahr 1528 der italienische Adelige Baldassare Castiglione in seinem Werk „Der Hofmann". Das Geheimnis einer langanhaltenden Beziehung sah er in der Verbindung von Anmut und Demut. Mit Anmut gemeint ist die Kunst, hart an seinem Äußeren und seinen Fähigkeiten zu arbeiten, um damit Tag für Tag seinen Partner für sich einzunehmen. Demut ist die Fähigkeit, Widerstände und Missliebigkeiten zu ertragen, ohne dabei die Fasson zu verlieren. Meine Prognose: Wer sich um beides zu bemüht, wird nie langweilig – und dem wird auch nicht langweilig werden.

Eine homöopathische Hilfe gegen den Erstarrungsprozess, der der Langweile vorangeht, ist die Wiederholung eines gut gewählten homöopathischen Konstitutionsmittels, das seine Wirksamkeit schon einmal bewiesen hat. Alternativ kann man auch die beiden folgenden Mittel versuchen:

■ Langeweile durch Stagnation und das Gefühl, in seinem Fortkommen gehemmt zu sein, kann von Sulfur C30 profitieren, 5 Kügelchen als einmalige Einnahme.

■ Langeweile durch Mangel an Sinnlichkeit im Alltag und seltenem Sex kann von Lachesis C30 profitieren, 5 Kügelchen als einmalige Einnahme.

Liebeshindernis Nr. 5: Unachtsamkeit

In der Frühphase von Beziehungen ist es normal, alles am andern wahrzunehmen und zu bewundern und sich an seinen Eigentümlichkeiten zu erfreuen. Nach der ersten Gewöhnung lässt diese Wahrnehmungsfähigkeit nach, und es besteht die Gefahr, dass Ihnen irgendwann einmal gar nicht mehr auffällt, ob Ihr Partner nun seinen Bart abrasiert hat oder Ihre Partnerin einen neuen Duft aufgelegt hat. Wenn es einmal so weit gekommen ist, besteht auch schon die Gefahr, dass Sie die Wünsche, die Empfindungen, die Sehnsüchte des anderen ebenfalls zu ignorieren begonnen haben und eigentlich keine Beziehung mehr führen, in der ihre Seelenverwandtschaft zur Geltung kommen kann.

Besinnen Sie sich hier auf das Beispiel unserer Vorfahren, die einen ausgeklügelten Verhaltenskodex erstellten, in dem der Umgang mit Mitmenschen geregelt war. Überbleibsel sind noch das Aufhalten von Türen, die Hilfe beim Ablegen oder Anlegen von Mänteln oder jemandem den Vortritt zu lassen. Sie halten das für angestaubt? Ich behaupte: Gute Umgangsformen bilden das Geheimnis vieler lang dauernder Beziehungen. Der, dem Höflichkeit entgegengebracht wird, fragt sich nicht, ob hier einer stumpfen Konvention gehuldigt wird, sondern freut sich über die

Achtung, die ihm der andere damit entgegenbringt.

Homöopathische Mittel, die Ihre Wahrnehmung schärfen:

- Lycopodium: 5 Kügelchen einer C30 als einmalige Dosis lenken die Aufmerksamkeit von eigenen Problemen ab und helfen dabei, auf die Bedürfnisse von anderen einzugehen.
- Sulfur: 5 Kügelchen einer C30 als einmalige Dosis wird eine allgemein aktivierende Wirkung bei vielen Menschen haben.

Liebeshindernis Nr. 6: Mangelndes Selbstwertgefühl

Liebe Deinen Nächsten wie dich selbst – Menschen, die sich selbst nicht lieben, können auch nicht andere lieben. Viele Beziehungen scheitern an dieser Empfindungslosigkeit. Es ist müßig, darüber zu spekulieren, ob Selbstvertrauen schon während der Entwicklung im Mutterleib angelegt wurde oder Resultat der Erziehung ist, die man erfahren hat.

Als Betroffener müssen Sie nach vorne sehen, und das sieht im Alltag dann so aus, dass Sie sich selbst liebevoll behandeln und verwöhnen. Sie werden sehen, dass diese gesunde und richtige Form von Egoismus nicht nur Balsam für Ihre Seele ist, sondern auch in Ihrer Beziehung Wunder wirken kann.

Homöopathisch kann man hier folgende Mittel probieren:

- Psorinum: Die einmalige Einnahme von 5 Kügelchen einer C30 hilft Menschen, die das Gefühl haben, verarmt und nicht liebenswert zu sein.
- Lac humanum: Die einmalige Einnahme von 5 Kügelchen einer C30 wird Menschen angenehm sein, die aus einem lieblosen Elternhaus stammen, in denen es nicht genug Streicheleinheiten gab.

Liebeshindernis Nr. 7: Angst vor Enttäuschung

Was ist, wenn Sie immer nur von Beziehungen träumen, aber nicht den Mut haben, auch wirklich eine Verbindung einzugehen? Hier hält der Volksmund den Spruch bereit: Jeder ist seines Glückes Schmied. Man kann aus Sorge, enttäuscht zu werden, die Liebe verpassen.

Mein Tipp ist hier, bei neuen Bekanntschaften möglichst sachlich zu überprüfen, ob der potenzielle Partner die Kriterien erfüllt, die für Sie wichtig sind. Wenn Sie Kinderwunsch haben, ist es vernünftig, einen Partner zu suchen, den dasselbe Thema antreibt. Wenn Sie sehr aktiv sind, im Sommern gern skaten, im Winter gern Ski fahren und ihre Urlaube gern für Fernreisen nutzen, sollte auch Ihr möglicher Partner ähnliche Wünsche und Interessen haben und keine „Couchpotato" sein. Die gleichen Interessen und Bedürfnisse bieten nicht nur einen guten Einstieg in Gespräche und Gelegenheit, etwas gemeinsam zu unternehmen, sondern vermitteln Ihnen auch ein ausreichendes Maß an Sicherheit, sodass Sie von diesem Partner nicht maßlos enttäuscht werden können.

Welche Mittel helfen Ihnen nun, Gelegenheiten beim Schopf zu packen und beherzt auf Partnersuche zu gehen?

▪ Gelsemium: Einmalige Einnahme von 5 Kügelchen einer C30 mildert das Lampenfieber beim Kennenlernen.
▪ Acidum phosphoricum: Die einmalige Einnahme von 5 Kügelchen einer C30 hilft, Antriebslosigkeit und Trägheit abzulegen und die Initiative in Gefühlsdingen zu ergreifen.

Liebeshindernis Nr. 8: Überempfindlichkeit

Sie wissen, wie Worte verletzen können – es reicht schon, wenn der Partner die Farbe Ihrer Outdoor-Jacke kritisiert, und Sie fragen sich, was er denn wirklich damit meint und ob er Sie überhaupt noch liebt. Logisch, dass Sie die Jacke in seiner Gegenwart nie mehr anziehen werden. Und klar auch, dass Sie noch nach Jahren daran denken und es ihm vielleicht sogar vorwerfen werden, dass er Ihnen die Freude an Ihrer schönen Jacke genommen hat.

Sie sind also überempfindlich. Nicht jeder, dem vorgeworfen wird, er sei „zu empfindlich", ist es auch tatsächlich. Fest steht aber, dass ein unterschiedlich dickes „Fell" schon so manche Beziehung gefährdet hat. Vieles, was beim einen zu Gram und Bitterkeit führt, war vom anderen überhaupt nicht so ernst gemeint oder einfach nur unbedacht gesagt. Nun wird es zum schleichenden Gift in einer Partnerschaft, die in anderen Bereich große Stärken aufweisen kann und es verdienen würde, fortgesetzt zu werden.

Was können Sie homöopathisch tun, um auf Kleinigkeiten nicht gleich gereizt zu reagieren?

▪ Ignatia: Einmalige Einnahme von 5 Kügelchen einer C30 hilft in Situationen, in denen man sich vom Partner verraten und allein gelassen fühlt
▪ Staphysagria: Einmalige Einnahme von 5 Kügelchen einer C30 ist immer dann angebracht, wenn Sie das Gefühl haben, vom Partner gekränkt und gedemütigt worden zu sein.

Liebeshindernis Nr. 9: Eifersucht

Ein gewisser Exklusivitätsanspruch ist in einer Liebesbeziehung normal. Eifersucht dagegen ist eine Form des Wahns, eine Krankheit, die sich auf dem Boden von Misstrauen und Verlustängsten ausbildet. Wenn Sie den Partner dauernd verdächtigen, zerstören Sie damit langfristig auch Ihre Beziehung. Andererseits ist es auch wichtig, auf sein Recht zu pochen – Sie wollen ja nicht blauäugig dabei zusehen, wenn Sie Ihr Partner betrügt.

Damit Ihnen *gesundes* Misstrauen gelingt, können Sie folgende homöopathische Mittel einsetzen.

- Lachesis: Einmalige Einnahme von 5 Kügelchen einer C30 wird Ihnen bei Eifersucht helfen, die sich durch starke sexuelle Phantasien und eine ohnmächtige Wut auszeichnet.
- Apis: Einmalige Einnahme von 5 Kügelchen einer C30 kann Eifersucht abschwächen, bei der die Angst vor dem Verlust des Partners vorherrscht.

Liebeshindernis Nr. 10: Trennung, mit Verlusten fertig werden

Wenn eine langjährige Beziehung zu Ende geht, ist nichts mehr, wie es war. Man hat das Gefühl, sich auf keinen und nichts mehr verlassen zu können, und droht dabei den Glauben an die Liebe und an die Menschen zu verlieren. Mitunter kommen noch Existenzängste hinzu. Heutzutage macht ein Großteil der Menschen diese Erfahrungen. Wo man früher zusammenblieb, bis der Tod die Partner voneinander schied, verlässt heute der eine den anderen auf der Suche nach schöneren Weiden mit zunehmender Häufigkeit.

Für die Verarbeitung des Schmerzes wichtig ist die Erkenntnis, dass Beziehungen nicht an äußerlichen Dingen zerbrechen – an dem Dritten, der in die Beziehung eingedrungen ist, oder an dem neuen Job in einer anderen Stadt, der dem Partner angeboten wurde. Sie zerbrechen an unüberwindbaren Unterschieden, die dem anderen das gemeinsame Leben vergällt haben. Manchmal geben Menschen allerdings zu früh auf und sind dann dazu verdammt, sich in neuen Beziehungen an denselben Problemen abzuarbeiten, die sie schon in vorigen Partnerschaften nicht lösen konnten. Für den, der zurückgelassen wurde, beginnt trotzdem eine schwere Zeit, von der man nie sagen kann, wann sie enden wird. Hier tröstet die Statistik, nach der ein Großteil der Menschen, die verlassen wurden, innerhalb eines Jahres wieder einen neuen Partner findet.

In der Krise helfen einige homöopathische Mittel, wieder neuen Lebensmut zu fassen.

- Gelsemium: Einmalige Einnahme von 5 Kügelchen einer C30 hilft bei Schwindel und Schwäche als Reaktion darauf, dass die Unterstützung durch den Partner weggebrochen ist.
- Magnesium phosphoricum: Einmalige Einnahme von 5 Kügelchen einer C30 hilft, wenn Einschlafstörungen durch Verzweiflung über das Verlassensein überwiegen.

Liebes-Notfälle

Sie haben gerade erfahren, dass Ihr langjähriger Partner Sie betrügt. Oder Ihre Frau
hat Ihnen gerade gestanden, dass das
gemeinsame Kind nicht von Ihnen ist. Oder
Sie haben die Nachricht erhalten, dass Ihr
Mann bei einem Verkehrsunfall ums Leben
gekommen ist. Kann die Homöopathie solche einschneidende Ereignisse, die alles
über den Haufen werfen und dem Leben
eine neue Richtung geben, überhaupt sinnvoll begleiten? Der indische Homöopath
Madan Lal Sehgal erlangte in den 1980er
Jahren weltweite Berühmtheit, weil er für
Ausnahmesituationen Mittel nach kleinen,
vergessenen Rubriken der Repertorien aus-
wählte, indem er nur das geistige Haupt-
symptom berücksichtigte – und damit in
vielen Fällen durchschlagenden Erfolg
hatte.

Die folgenden Akutmittel lindern die
schlimmsten Seelenschmerzen:

▌ Camphora: Wenn man weint, ohne dass
Tränen fließen. Wenn man sich an die
Menschen klammert, denen man ver-
traut.
▌ Cantharis: Wenn man zornig ist und an
allem zweifelt.
▌ Ignatia: Wenn man völlig fassungslos ist
und die Situation als zutiefst ungerecht
empfindet.
▌ Platinum: Wenn man verächtlich wird, die
Realität nicht mehr erkennt, beispielsweise seinen Körper als ganz klein oder
ganz groß im Vergleich zu anderen empfindet.

▌ Stramonium: Wenn man fanatisch, reli-
giös und abergläubisch wird und die
Rache Gottes fürchtet.

Die folgenden Mittel lindern übermächtige
Verlassenheitsgefühle.

▌ Opium: Wenn jemand sich und seiner
Dummheit die Schuld daran gibt, dass
alles so gekommen ist.
▌ Arsenicum album: Wenn eine unerklär-
liche und unbestimmte Furcht aufsteigt,
die alles beherrscht.
▌ Hyoscyamus: Wenn man beginnt, über
andere zu hetzen und Schlechtes zu
reden.
▌ Belladonna: Wenn man wie betäubt
dasitzt, plötzlich aufspringt und vor lauter Wut und Frustration zu schreien
beginnt.
▌ Natrium muriaticum: Wenn man ständig
grübelt, was nun aus einem werden soll.

Wenn Sie das für Sie passende Mittel
gefunden haben, nehmen Sie einmalig
5 Kügelchen einer C30 und warten eine
Stunde, um zu sehen, ob sich der Zustand
bessert.

Die Einnahme dieser Notfall-Homöo-
pathika sollte nicht zur Dauereinrichtung
werden. Machen Sie sich die Mühe, Ihre
Selbsterkenntnis zu stärken und mit den
dabei gewonnenen Einsichten die Mittel zu
suchen, die „richtig" zu Ihnen passen. Beim
Auffinden Ihres Konstitutionsmittel kann
Ihnen der Beziehungstest helfen (Seite 26).

Register

Impressum

Bibliografische Information der Deutschen Nationalbibliothek
Die Deutsche Nationalbibliothek verzeichnet diese Publikation in der Deutschen Nationalbibliografie;
detaillierte bibliografische Daten sind im Internet über http://dnb.d-nb.de abrufbar

---

© 2007 Karl F. Haug Verlag in MVS
Medizinverlage Stuttgart GmbH & Co. KG.,
Oswald-Hesse-Str. 50, 70469 Stuttgart
Printed in Germany

Programmplanung: Dr. Elvira Weißmann-Orzlowski
Bearbeitung: Sabine Seifert · Satz/Grafik/Lektorat
Umschlaggestaltung und Layout:
CYCLUS · Visuelle Kommunikation
Satz: Sabine Seifert · Satz/Grafik/Lektorat
Druck und Verarbeitung: Westermann Druck
Zwickau GmbH, Zwickau

Gedruckt auf chlorfrei gebleichtem Papier

ISBN 978-3-8304-2213-6   1 2 3 4 5

Bildnachweis:
Umschlagfotos vorn und hinten: Corbis
Fotos im Innenteil:
Corbis: S. 3; Creativ Collection: S. 4 oben, 8/9;
MEV: S. 4 unten, 20/21, 25, 111, 138; Photo Alto:
S. 5 oben, 92/93; Photo Disc: S. 5 unten, 17, 106,
109, 114/115

Wichtiger Hinweis

Das Werk ist urheberrechtlich geschützt.
Nachdruck, Übersetzung, Entnahme von
Abbildungen, Wiedergabe auf photo-
mechanischem oder ähnlichem Wege,
Speicherung in DV-Systemen oder auf
elektronischen Datenträgern sowie die
Bereitstellung der Inhalte im Internet oder in
anderen Kommunikationsdiensten sind ohne
vorherige schriftliche Genehmigung des
Verlages auch bei nur auszugsweiser
Verwertung strafbar.

Die Ratschläge und Empfehlungen dieses
Buches wurden von Autor und Verlag nach
bestem Wissen und Gewissen erarbeitet und
sorgfältig geprüft. Dennoch kann eine Garantie
nicht übernommen werden. Eine Haftung des
Autors, des Verlages oder seiner Beauftragten
für Personen-, Sach- oder Vermögensschäden
ist ausgeschlossen.

Sofern in diesem Buch eingetragene
Warenzeichen, Handelsnamen und Gebrauchs-
namen verwendet werden, auch wenn diese
nicht als solche gekennzeichnet sind, gelten
die entsprechenden Schutzbestimmungen.